Sprech-, Mal- und Schreibspiele

Edition Psychologie und Pädagogik

Irene Flemming / Jürgen Fritz

Sprech-, Mal- und Schreibspiele

für Grundschulkinder

Matthias-Grünewald-Verlag · Mainz

Illustrationen von Knut Junker (S. 23, 38, 61, 63, 69, 70, 84, 87, 91, 109, 111, 112), Andreas W. Schmitt (S. 53) und Heidrun Schwark (S. 21, 23, 27, 29, 31, 33, 34, 37, 41, 43, 45, 46, 49, 51, 55, 59, 65, 66, 73, 77, 79, 81, 83, 89, 99, 101, 105, 106).

Die Deutsche Bibliothek – CIP-Einheitsaufnahme

Flemming, Irene:
Sprech-, Mal- und Schreibspiele für Grundschulkinder / Irene Flemming/Jürgen Fritz. – Mainz : Matthias-Grünewald-Verl., 1995
(Edition Psychologie und Pädagogik)
ISBN 3-7867-1883-0

Umschlag: Harun Kloppe, Mainz, unter Verwendung einer Zeichnung von Heidrun Schwark, Essen
Druck und Bindung: Wagner, Nördlingen

ISBN 3-7867-1883-0

Sprech-, Schreib- und Malspiele für Grundschulkinder

Spielen im Klassenzimmer

Kinder wollen spielen, auch wenn es Schulkinder sind. Eine kluge Grundschullehrerin versteht das. Deshalb verpackt sie den Lehrstoff so, daß das Lernen wie ein Spiel aussieht. Daneben wird sie den Kindern aber auch echte Spielpausen gönnen, in denen es zur Erholung mal um ganz andere Dinge geht als sonst.
Die Kinder verbringen viele Stunden in der Schule. Das ist für sie – und für uns Lehrkräfte – zugleich auch Lebenszeit. Schule sollte deshalb nicht nur aus Lernen bestehen, sondern auch aus Erlebnissen, aus einem unbeschwerten Miteinander und fröhlichem Lachen.
In diesem Buch haben wir Spiele zusammengestellt, die auf den ersten Blick sehr nach Lernen klingen. Zeichnen? Sprechen? Schreiben? Das sind schließlich Inhalte des Schulunterrichts.
Unsre Spiele sind aber trotzdem keine Lernspiele, sondern echte, freie Spielformen. Damit das Zeichnen, Sprechen und Schreiben in der Schule nicht zu etwas Künstlichem wird, das in den Augen des Kindes nichts mit seinem Erleben und seinen Gefühlen zu tun hat, ist es günstig, Spiele zuzulassen, in denen das Kind eine andere Beziehung zu diesen Fähigkeiten aufbauen kann. Auf einmal ist Zeichnen, Sprechen und Schreiben wie ein Spielzeug, mit dem man sich auf lustige und angenehme Weise die Zeit vertreiben kann.

Soziales Lernen im Spiel

Beim Spielen fällt die strenge Ausrichtung auf die Lehrperson weg, stattdessen kommen die Klassenkameraden ins Blickfeld. Sie sind einmal nicht die Konkurrenten, gegen die man um gute Zensuren kämpft, sondern gleichberechtigte Mitspieler. Wollen wir nicht alle, daß die Kinder zu Gruppenarbeit und Teamgeist fähig sind? Hier, bei den Spielen, lernen sie das Miteinander.

Mit Spielen haben wir die Möglichkeit, Kinder zu integrieren, die ein wenig abseits stehen, aus welchem Grund auch immer: Da ist das leicht behinderte Kind oder das Mädchen aus dem Camp der Roma. Wir haben den Flüchtling aus einem Krisengebiet, der noch wenig Deutsch kann, oder das verwahrloste Kind einer alkoholsüchtigen Mutter, mit dem die anderen nichts zu tun haben wollen. Spielen können aber alle, und für die Gruppenspiele werden sie gebraucht. Endlich gehören sie einmal dazu, und die Hauptgruppe merkt, daß diese Kinder auch ihre Qualitäten haben. Das kann die Beziehung zu solchen Außenseitern grundlegend ändern.

Aber auch die Ellenbogenkinder, die Klassendivas und die kleinen Machos können integriert werden, weil die Spiele von ihnen verlangen, einmal keine Sonderrolle zu spielen, sondern sich einzugliedern und die gleiche Stellung einzunehmen wie alle anderen. Das gilt vor allem für die Spiele mit kooperativem Charakter. Hier entsteht nur dann eine Spielhandlung, wenn alle in gleicher Weise mittun. Und in Spielen mit einer Kettenstruktur kommt jeder einmal dran, ohne daß man sich vordrängeln muß.

Malspiele

Eigentlich müßten diese Spiele „Zeichen-Spiele" heißen, da hier nicht mit Farbe und Fläche gearbeitet wird, sondern mit Linien. Wir malen also nicht, sondern zeichnen.
Das Zeichnen gehört zu den hauptsächlichen Ausdrucksmitteln des Kindes, ehe es in die Schule kommt und dort Lesen und Schreiben lernt. Es ist erstaunlich, wie stark sich Kinder im Kindergarten zeichnerisch entwickeln. Vom Stadium des einfachen Gekritzels erreichen sie eine zeichnerische Ausdrucksweise, bei der man Haus und Baum, Tier und Mensch erkennen kann und wo sogar Beziehungen, Zusammenhänge und Handlungen deutlich werden. Manche kleinen Zeichner und Zeichnerinnen vermögen mit ihren Bildern ganze Geschichten zu erzählen.
Bei den meisten Kindern kommt diese Entwicklung in den ersten Schuljahren zum Stillstand. Sie zeichnen mit 15 Jahren nicht viel besser als in der zweiten Klasse. Das ist nicht etwa die Schuld der Lehrer oder des fehlenden Kunstunterrichts. Die Kinder haben das Zeichnen nicht mehr so nötig, weil ihnen inzwischen andere Ausdrucksmittel zur Verfügung stehen. Die Sprache hat sich weiterentwickelt, der Wortschatz wurde größer. Das Zeichnen und Malen gewinnt langsam künstlerischen Wert, während es zuvor noch wie eine Zeichensprache benutzt wurde.
In den ersten Schuljahren ist das Zeichnen für die Kinder noch eine Selbstverständlichkeit. „Ich kann nicht zeichnen" wird man in dieser Altersstufe kaum hören. Ganz selbstverständlich bringt jedes Kind etwas zu Papier, ohne Zweifel zu haben, ob das Dargestellte auch „richtig" ist.

Auf dieser Fähigkeit bauen unsere Malspiele auf. Sie verlangen nicht viel, nur das, was jedes Kind sowieso kann: Haus und Baum und Männchen und Tier. So braucht sich niemand überfordert zu fühlen. Das Zeichnen wird hier jedoch in einen spielerischen Zusammenhang gestellt, weil wir nach bestimmten Regeln zeichnen. Das ist neu und darum interessant.
Viele Malspiele sind Vorstufen für Schreibspiele, mit denen Kinder der ersten beiden Klassen noch überfordert wären. Das heißt aber nicht, daß man mit dem dritten und vierten Schuljahr keine Malspiele mehr machen sollte. Das Schreiben ist so anstrengend, daß die Kinder gerne einmal auf eine „primitivere Stufe" zurückfallen und sich dabei erholen.
Wir haben in unseren Klassen zunehmend Kinder, die Schwierigkeiten mit der deutschen Sprache haben, weil sie aus einem anderen Kulturkreis stammen. Bei Malspielen können sie mitmachen, hier sind alle Sprachschwierigkeiten behoben. Auch Kinder mit schwachen sprachlichen Fähigkeiten sind bei Malspielen nicht benachteiligt.

Sprechspiele

In der heutigen Gesellschaft haben Kinder wenig Gelegenheit zum Sprechen. Auf der Straße werden sie von Autos übertönt, im Hause nimmt ihnen der Fernseher oder das Radio das Sprechen ab, bei Tisch sollen sie den Mund halten, und in der Schule müssen sie leise sein. Wenige Erwachsene nehmen sich die Zeit, mit den Kindern zu reden oder ihnen zuzuhören.
Daß Sprache und Denken gekoppelt sind, sagen uns alle großen Pädagogen. In den 60er Jahren versuchte man ganz bewußt, die Kinder schon so früh wie möglich

sprachlich zu fördern, um ihre Intelligenz zu entwickeln. Und heute?

Wir haben doch den Sprachunterricht, werden Sie einwenden. Und Sie als Lehrerin geben sich große Mühe, die Kinder zum richtigen Sprechen zu ermuntern und anzuleiten. Es gibt auch Erzählrunden, mindestens nach jedem Wochenende.

Aber ist es in einer großen Klasse möglich, daß jedes Kind zum Sprechen und zum freien Erzählen kommt? Und wenn sich ein Schüler im Unterricht meldet – ist das dann nicht ein sehr kontrolliertes Sprechen, kontrolliert sowohl durch die Lehrerin als auch durch das Kind selbst, das alles richtig machen möchte?

Bei Sprechspielen, wo eine lustige Stimmung aufkommt und gelacht wird, kann das Kind diese Kontrolle aufgeben und hat somit ein freies, natürliches Übungsfeld.

Mit der Sprache zu spielen, das ist auch eine Form von Spracherwerb. Wichtig ist dabei vor allem das eigene Tun, das aktive Sprechen. Nur dabei kann passiver Wortschatz, der dur ch Hören erworben wird, in aktiven Wortschatz umgewandelt werden. Nur durch das Tun werden die Sprechwerkzeuge geübt. Nur wenn einer spricht, nimmt man seine Stimme wahr und damit ein Stück seines Charakters, seiner gegenwärtigen Stimmung und seiner Gefühle. Es ist schwer, einen Schüler kennenzulernen, wenn er nie den Mund auftut. Sobald er spricht, erregt er unsere Aufmerksamkeit, und wir erfahren etwas über ihn.

Das Sprechen bei den Spielen geschieht nicht in einen weiten Raum hinein, wie er in der Unterrichtssituation zwischen der Lehrkraft und dem Kind besteht. Beim Spiel hat es den Partner dicht vor sich, und es kann dessen Reaktion unmittelbar erleben und darauf reagieren.

Manche Sprechspiele liefern den Kindern Satzmodelle, mit denen sie erst mal ausprobieren dürfen, vor der ganzen Klasse zu reden. Solche Sprechrituale können eine Stütze sein. Wir kennen sie aus überlieferten Spielen wie: „Wer fürchtet sich vor'm schwarzen Mann?" – „Niemand!" „Wenn er aber kommt?" – „Dann laufen wir!" Bewußt haben wir Spiele mit solchen Sprechritualen mit aufgenommen, weil Kinder sie besonders lieben. Für sie ist dabei etwas Ähnliches wie Magie zu spüren, und das fasziniert sie.
Sprechrituale benutzen wir ja auch im Umgang mit anderen Menschen: „Guten Tag" – „Guten Tag. Was darf es sein?" „Hundert Gramm Salami!" „Bitte!" – „Danke." „Auf Wiedersehn!" „Auf Wiedersehn." Dazu gehört auch die Frage „Wie geht's?" mit der stereotypen Antwort: „Danke, gut." Kinder hören solche Formeln und ahmen sie im Spiel nach.
Andere Spiele wiederum erlauben das freie Erzählen. Hier kann sich die Phantasie entfalten, und die Sprachgewandten finden ein Betätigungsfeld. So ist für jede Stufe der sprachlichen Entwicklung und des Mutgewinnens ein Spiel zu finden.

Schreibspiele

Kinder spielen gern mit allem, was ihnen in die Hände und vor die Augen kommt. Und da in der Grundschule das Schreibenlernen, der Umgang mit Buchstaben, Wörtern und Sätzen so wichtig ist, mögen Kinder auch gerne mit Buchstaben, Wörtern und Sätzen spielen.
Manche Kinder können gar nicht einsehen, weshalb sie lesen lernen sollen. Bisher haben sie ja auch ohne diese Kunst ganz gut gelebt. Das Lesenlernen ist schwierig und anstrengend, und die Lehrerin runzelt die Stirn,

wenn man es nicht richtig macht. Mißerfolge stellen sich ein, man wird eventuell getadelt oder von den Klassenkameraden ausgelacht – alles sehr unerfreulich!
Anders bei Spielen. Jetzt bekommen die abstrakten Buchstaben ein Gesicht, und das nicht nur im übertragenen Sinne. Oder man verarbeitet sie zu einem Buchstabensalat. Für das Kind hat das Schreiben gerade dann einen Sinn, wenn etwas Unsinniges und daher Lustiges dabei herauskommt. Denn wozu braucht es das Schreiben sonst? Briefliche Mitteilungen gibt es in den Familien kaum noch. Man kann ja telefonieren. Mit Amtsbriefen und Formularen hat ein Schulkind noch nichts zu tun. Ich denke, vielen Kindern wird das, was sie in der Schule lernen, ganz unnütz vorkommen.
Allerdings, Schilder muß man lesen können. Aber die meisten Schilder verbieten nur etwas. Der Rasen darf nicht betreten werden, Radfahren ist verboten, im Flur soll kein Kinderfahrzeug abgestellt werden. Wo gibt es ein Schild, das ausdrücklich etwas erlaubt? Um den Ärger über die Verbotsschilder loszuwerden, ist es vielleicht hilfreich, selbst Schilder zu beschreiben und anzubringen, wie bei dem Spiel „Niesen verboten“. So kann das Kind Erwachsene zwingen, etwas zu lesen, was es selbst geschrieben hat. Gewöhnlich läuft die Forderung ja umgekehrt.
Im Spiel kann man auch mal mit der Nase schreiben oder mit dem Finger auf dem Rücken des Nachbarn. Sogar mit gelegten Streichhölzern ist das Schreiben möglich. Und um ein Wortgeschenk herzustellen, denken wir uns eine besonders schöne Scheibweise aus. So wird der Umgang mit Schrift immer vertrauter.
Schrift ist etwas für Eingeweihte, das wird bei den Geheimschriften deutlich. Jetzt ist das Geschriebene ein Rätsel, das es zu knacken gilt.

Machen wir also den Kindern die Freude, sich den Kulturtechniken des Lesens und Schreibens auf spielerische Weise zu nähern. Was man gut kennt, das akzeptiert man leichter.

Räume und Hilfsmittel

Für Malspiele, Schreib- und Sprechspiele haben wir im Klassenraum genau das richtige Inventar. Wir brauchen Stüh le und Tische, Papier und Stift. Auch die Wandtafel ist zu gebrauchen. Die Kinder können an ihren Vierer- oder Sechsertischen sitzen bleiben, und wo die Möbel in Hufeisenform angeordnet sind, haben wir Glück – genau diese Form ation brauchen wir für einige Schreib- und Malspiele.
Fast immer gibt es die Möglichkeit, die Kinder in einen Kreis zu setzen. Das ist bei den meisten Sprechspielen die richtige Anordnung. Hier kann das Kind jeden anderen Mitspieler sehen, und nichts symbolisiert die Gemeinschaft deutlicher als ein Kreis.
Bei den Zeichen- und Schreibspielen brauchen wir alle die gleichen Zettel, weil bei einigen Spielen die Anonymität wichtig ist. Deshalb nehmen auch alle dasselbe Schreibgerät, denn wenn Aline mit rotem Filzstift zeichnet und alle anderen Kinder den Bleistift benutzen, erkennt man sofort, welche Teile des gemeinsamen Gemäldes von ihr stammen. Es wäre sehr anregend, wenn für die Spiele besondere Bleistifte oder Kugelschreiber bereitgehalten würden, welche die Lehrerin in einem Kästchen bereit hält. Dann setzt der Spaß schon ein, wenn das Kind diesen „Spielestift" in die Hand bekommt (er darf rosa sein!).
Um Papier zu sparen, sammelt die Lehrerin alte Arbeitsblätter oder bittet die Eltern um gebrauchtes Computer-

papier. Denn auch die Zettel müssen alle gleich sein, und kein Kind soll etwa eine Seite aus dem Heft ausreißen.

Zeit zum Spielen

Der Zeitbedarf ist bei den meisten Spielen gering. Sie lassen sich gut am Ende einer Stunde unterbringen, auch wenn nur noch zehn Minuten übrig sind. Vielleicht kann man eine Vertretungsstunde mal ganz dem Spielen widmen, damit die Kinder mehrere Spiele kennenlernen und später in der Lage sind, etwas auszuwählen, was ihnen besonders gut gefiel.
Die Erfahrung zeigt, daß Kinder sich in Spielen zu Hause fühlen wollen und deshalb mit Vorliebe „alte" Spiele auswählen. Aber auch diese waren ihnen einmal neu. Wir können durch Wiederholungen dafür sorgen, daß die Kinder mehr als ein „altes" und somit vertrautes Spiel kennen. Manche Spiele entwickeln ihren Reiz sowieso erst in der Wiederholung, wenn man die Regeln voll für den Spielspaß zu nutzen weiß.

Leise, leise

Beim Spielen geht es gewöhnlich lebhaft zu, denn Kinder drücken ihren Spaß in lautem Gelächter aus, und ihre Erregung macht sich Luft durch Geschrei. Muß uns das nicht vom Spielen abhalten? Nebenan unterrichtet die empfindliche Mathelehrerin, im Klassenraum unter uns läßt die Kollegin ein Diktat schreiben. Spielen? Das gibt doch nur Ärger!
Die Situation wäre wirklich problematisch bei bewegungsreichen Spielen, für die wir ein anderes Umfeld

benötigen. Aber Malspiele und Schreibspiele vollziehen sich leise, und bei den Sprechspielen wird ja gesprochen und – bis auf Ausnahmen – nicht geschrien oder laut gerufen. Auch gehopst wird nicht. Also brauchen sich die Kolleginnen nicht zu beschweren, und die Kinder können trotzdem ihren Spielspaß haben.
Für das Umräumen und Stühlerücken bringen wir den Kindern Techniken bei, mit denen es ganz leise geht. Es lohnt sich, auf die Einübung Zeit zu verwenden – wir sparen sie später vielfach wieder ein. Nicht immer brauchen wir für den Sitzkreis Stühle. Es geht auch mal mit Kissen oder Teppichfliesen. Damit vermeiden wir den Krach beim Aufsetzen und Zurechtrücken der Sitzmöbel. Außerdem hocken die Kinder besonders gerne auf dem Boden.
Bei Mal- und Schreibspielen sind die Schüler intensiv mit etwas beschäftigt. Meistens vergessen sie dabei sogar, mit der Nachbarin zu schwätzen, und es ist plötzlich ganz still im Klassenraum.

Die Spielleiterin

Die Lehrerin muß in der Schule als Spielleiterin fungieren. Das wird ihr methodisch nicht schwerfallen, weil sie ihre Pappenheimer kennt und in der Klasse bestimmte Ordnungsformen entwickelt hat. Das gleiche gilt für eine Erzieherin in Hort oder Heim. Trotzdem soll hier auf einige spielpädagogische Techniken hingewiesen werden.
Kinder sind ungeduldig. Wir dürfen sie nicht mit endlosen Vorbereitungen langweilen. Material, das wir für ein Spiel benötigen, sollte also fertig bereitliegen. Zum Verteilen von Dingen, zum Beispiel von Zetteln, kann man sich Helfer engagieren, die eine fest umrissene

Aufgabe haben: Jeder bedient z.B. zwei ganz bestimmte Tische, nicht mehr und nicht weniger.
Sobald die Kinder Material in der Hand haben, spielen sie damit (herum). Zwanzig Zettel in vierzig Kinderhänden erzeugen einen beachtlichen Geräuschpegel! Es ist dann schwer, die Regeln zu erklären. Also sagen wir vorher, wie das Spiel geht, verteilen dann ganz schnell die Materialien, und auf ein Zeichen geht es los.
Anders ist die Sache, wenn Stühle oder gar Tische bewegt werden müssen. Das tun wir vorher, weil sonst die Spanne zwischen dem Erklären und dem Beginnen zu lang ist. Möglich, daß in dieser Zeit die genaue Regel schon wieder vergessen würde! Also: „Wir wollen ein Spiel machen, dazu brauchen wir einen Stuhlkreis. Alle Kinder an Monikas Tisch stehen bitte auf und kommen mit ihren Stühlen hier zu mir …" Sobald die richtige Anordnung steht, kann das Spiel eingeführt werden.
Kompliziertere Spielregeln kann man aufteilen. Man erklärt erst die Hälfte, und wenn es möglich ist, proben wir das Spiel in vereinfachter Form einmal durch. Danach lernen die Kinder weitere Regeln dazu, bis sie das Spiel beherrschen.
Für einige Spiele ist es sowieso günstig, einen Probedurchlauf zu machen, bei dem die meisten Kinder noch zuschauen. So wird der Spielhergang anschaulich, und keiner muß nachfragen.
Je einfacher die Regel erklärt wird, desto besser. Die Spielleiterin erhält sofort Rückmeldung, ob ihr die Erklärung gelungen ist. War das nicht der Fall, läuft nämlich alles schief!
Meistens ist die Spielleiterin diejenige, die den Impuls gibt und das Spiel beginnt. So haben die Kinder eine Orientierung. Damit fällt auch das Gerangel der Kinder um die erste Aktivität weg. Ist das Spiel gut bekannt, können natürlich auch Kinder den Anfang machen.

Impulse zu geben, bedeutet nicht, die kleinen Spieler mit der eigenen Dynamik und Spielfreude zu überwältigen. Es ist besser, die Spielleiterin hält sich ein wenig im Hintergrund, damit vor allem die Kinder aktiv sein können. Das ist ähnlich wie beim Singen: Hört man die Stimme der Lehrerin zu laut, singen manche Kinder erst gar nicht mit. Nimmt sie sich dagegen zurück, trauen sich die schwachen Stimmen immer mehr in den Vordergrund.

Stimmung machen

Von der allgemeinen Stimmung hängt es weitgehend ab, ob die Spiele Spaß machen. Was in der einen Klasse die Kinder begeistert, findet die andere Klasse unter Umständen öde, weil sie schlechter Stimmung ist.
Die Spielleiterin kann aber viel für die richtige Stimmung tun. Die Kinder spüren deutlich, ob das Spielen für die Lehrerin eine lästige Pflichtübung ist, weil sie viel lieber mit dem Lehrstoff weitermachen würde, oder ob sie das Spielen für sinnvoll und bereichernd hält und selber Freude daran hat. Die eigene Freude überträgt sich ebenso wie der Mißmut! Es kommt also schon darauf an, wie man selbst an das Spielen herangeht.
Auch während der Aktion kann man viel für die Stimmung tun. Bei witzigen Einfällen wird Applaus gespendet, Spielerfolg bewundernd hervorgehoben, ein lustiges Zufallsergebnis gezeigt und belacht. Zu manchem Spiel müssen die Kinder viel Mut aufbringen – das sollte entsprechend gewürdigt werden. Das Lob muß nicht verbal sein, sondern kann auch in einem anerkennenden Zunicken bestehen.
Es ist für ein Spiel günstig, wenn sich die Spielleiterin allmählich in eine einfache Mitspielerin verwandelt.

Das kann mit unmerklichen Übergängen geschehen. Eben hat sie noch für Ordnung gesorgt und das Spiel in Gang gesetzt, und nun sitzt sie mit am Tisch und zeichnet den Mann aus Mallorca. Dieses Eingliedern in die Gemeinschaft erzeugt eine entspanntere Atmosphäre, als wenn sie aufsichtsführend über die Gruppe wacht. Sie gehört dann mit zu den Spielern, und das entbindet bestimmte Kinder von dem Zwang, sich gegen ihre Autorität zur Wehr zu setzen.
Daneben ist die Lehrerin ein Vorbild für die Spieler. An ihr können die Kinder erleben, wie man mit Erfolgen oder Mißerfolgen umgeht, wie man die Leistung anderer anerkennt und wie man bestimmte Aufgaben bewältigt.
Beim Mitspielen darf eine Spielleiterin allerdings nicht den Augenblick verpassen, wo die Aktion zu Ende geht und wo geregelt werden muß, was jetzt geschieht. Ist noch Zeit für ein weiteres Spiel? Haben wir Pause? Gehen wir in die Turnhalle? Das muß sie ansagen, ehe das Tohuwabohu losbricht. Manchmal ist es sogar angebracht, schon vor dem Spiel bekanntzugeben, was danach geschehen soll.

Kulturgut weitergeben

Die meisten Spiele in diesem Buch lassen sich ebenso gut in der Familie spielen wie in der Schulklasse. Und weil die Eltern kaum noch Spiele kennen, hat die Schule eine neue Aufgabe: Sie muß das alte und neue Kulturgut, welches die Spiele darstellen, pflegen und weitergeben, weil die Kinder sonst nur noch mit gekauften Spielen in Berührung kommen. Computerspiele sind nicht unbedingt negativ zu sehen, aber sie vereinzeln das Kind, das dann nur noch den Bildschirm als Spielpartner hat. Es ist gut, wenn es Spiele kennenlernt, bei denen man in einer Gruppe spielt und ein menschliches Gegenüber hat.

SCHREIBSPIELE

ALLE MEINE ENTCHEN

Wettspiel, Geschicklichkeitsspiel
Ort: Klassenraum, Gruppenzimmer, Wohnstube, Raum mit Tisch
Dauer: ca. 10 Minuten
Eignung: Kinder ab 8 Jahren; Gruppen von 3 Teilnehmern bis Klassenstärke

Beschreibung des Spiels

Jeder erhält ein Blatt Papier, Klebstoff, Schere und eine Tageszeitung. Die Spielleiterin nennt den Anfang eines Liedes, z.B. „Alle meine Entchen". Nun sollen alle ganz schnell diese Zeilen nachbilden, indem sie Buchstaben oder ganze Wörter aus der Zeitung ausschneiden und aufkleben. Wer zuerst fertig ist, hat gewonnen.

Variation

Nicht einzelne Spieler arbeiten, sondern immer drei: Einer sucht, einer schneidet aus, und einer klebt auf.

Hilfsmittel und Hilfen für die Durchführung
Für jeden Teilnehmer ein Blatt Papier DIN A4, Klebstoff, Schere und eine Tageszeitung.

Pädagogische Hinweise
Dies ist besonders ein Spiel für Leseanfänger, die mit Spaß die verschiedenen Buchstaben zusammensuchen. Ältere gehen meist rationeller vor, indem sie die passenden Wörter suchen. Da jeder eine andere Tageszeitung hat, spielt auch das Glück eine Rolle, ob man brauchbare Wörter findet.

ALTERNATIV-REZEPTE

Kreatives Spiel
Ort: in kleineren wie in größeren Räumen
Dauer: zwischen 20 und 30 Minuten
Eignung: für Gruppen bis zu 30 Mitgliedern; bietet Anlaß für spielerische Sprachverwendung und fördert die Kooperationsfähigkeit.

Beschreibung des Spiels
Die Spielleiterin stellt der Gruppe Kochrezepte vor und verdeutlicht die Form, in der diese Rezepte geschrieben werden. Es bilden sich Teilgruppen, die nach dem Muster dieser Rezepte lustig-unsinnige Kochanleitungen entwickeln. So könnten z.B. Eßgeschirr und Besteck Zutaten für ein „leckeres Mahl" hergeben. Wie wäre z.B. ein Menü, „komponiert" aus verschiedenen Schallplatten?
Die in den Teilgruppen entwickelten „Alternativ-Rezepte" werden anschließend vorgelesen. Man könnte auch eine szenische Darstellung nach dem Muster des „Fernsehkochs" als Ergebnis der Gruppenarbeit vorstellen.

Variationen
Es gibt viele Möglichkeiten, „alternativ" zu denken und daraus ein Spiel zu machen. Wie wäre es mit einem „alternativen" Fernsehprospekt, der beispielsweise die „schönsten Müllkippen der Welt" anpreist?

Hilfsmittel und Hilfen für die Durchführung
Muster von Kochrezepten sollten für jede Teilgruppe bereitliegen, ferner Papier und Schreibzeug.

Pädagogische Hinweise
Das Spiel kann – entsprechende Gruppen vorausgesetzt – viel Spaß machen. Einfallsreichtum und skurrile Gedanken können hier gut Gestalt annehmen. Das Spiel wirkt sich förderlich auf die Gruppenatmosphäre und auf die Zusammenarbeit aus. Die Spielleiterin sollte in einer der Teilgruppen mitwirken – nicht jedoch in dominanter Position.

BUCHSTABEN BILDEN

Ratespiel, Darstellungsspiel
Ort: Klassenraum, Gruppenraum, Halle
Dauer: ca. 5–10 Minuten
Eignung: Kinder von 7 Jahren an. Gruppen in Klassenstärke, in Teams aufgeteilt.

Beschreibung des Spiels
Die Spielgruppe teilt sich in Teams zu drei bis vier Kindern auf. Jedes Team erhält einen Zettel mit einem Buchstaben in Blockschrift. Die Kinder sollen diesen Buchstaben gemeinsam mit ihren Körpern darstellen. Das tun wir nacheinander, und die übrigen Teilnehmer schauen zu und raten.

Variation
Die Kinder entscheiden selber, welche Buchstaben sie darstellen. Es sollen mehrere hintereinander sein, die ein kurzes Wort ergeben. Während sie vorher den Buchstaben im Stehen zeigten, legen sie sich jetzt auf den Boden.

Hilfsmittel und Hilfen für die Durchführung
Zettel mit verschiedenen Blockbuchstaben.

Pädagogische Hinweise

Bei diesem Spiel gehen die Kinder sehr kreativ mit den eben gelernten Buchstaben um. Die Darstellung durch den eigenen Körper hilft in besonderem Maße, die Form zu verinnerlichen. Außerdem müssen die Kinder gut kooperieren.

Die Variation ist einfacher, weil man hier keine Schwierigkeiten mit der Statik hat. Hierbei wäre es günstig, wenn die Zuschauer erhöht sitzen, z.B. auf den Tischen. Da die Kinder sich körperlich sehr nahe kommen, ist es vielleicht richtig, wenn die Kleingruppen nur aus Mädchen oder nur aus Jungen bestehen, weil die Kinder sich gegenseitig manchmal nicht berühren mögen. Auch wenn wir dieses Verhalten eigentlich albern finden, müssen wir solche Hemmungen zunächst ernst nehmen und akzeptieren. Sie haben meistens eine lange Vorgeschichte. Erst eine längere Vertrautheit mit der Gruppe wird solche Berührungsängste abbauen.

BUCHSTABENSALAT

Ratespiel, Buchstabenspiel
Ort: Klassenzimmer, Gruppenraum, Wohnstube
Dauer: ca. 5 Minuten
Eignung: Kinder von 6 Jahren an; Gruppen von 5 Teilnehmern bis Klassenstärke

Beschreibung des Spiels

Alle bekommen das gleiche Blatt Papier und zeichnen darauf einen großen Kreis. Das ist der Teller. Darauf kommt jetzt der Salat aus lauter Buchstaben. Wir benutzen aber nur Buchstaben, die in unserem Vornamen (Vor- und Nachnamen) vorkommen. Jeder Buchstabe darf mehrfach verwendet werden und in verschiedener Größe und Form. Wenn alle Teller voll sind, werden die Salate eingesammelt und neu verteilt. Nun soll geraten werden, welcher Name hier zu Salat zerhackt wurde. Bei jüngeren Kindern genügt der Vorname.

Variation

Statt des eigenen Namens verwenden wir die Buchstaben einer bekannten Märchenfigur, z.B. Aschenputtel.

Hilfsmittel und Hilfen für die Durchführung
Für jeden Teilnehmer ein Blatt Papier und ein Bleistift (oder für alle den gleichen Kugelschreiber).

Pädagogische Hinweise
Damit keine anderen Erkennungszeichen als die Buchstaben vorhanden sind, sollten alle Teilnehmer das gleiche Material bekommen.
Mit dem Namen gibt jeder ein Stückchen von sich selbst. Es ist für jeden Spieler wichtig, daß er auch erkannt, also wahrgenommen wird.

DIE SCHRIFT VON UR

Ratespiel, Buchstabenspiel
Ort: Klassenzimmer, Gruppenraum, Wohnstube
Dauer: ca. 10 Minuten
Eignung: Kinder ab 8 Jahren; Gruppen von 5 Teilnehmern bis Klassenstärke

Beschreibung des Spiels

Schwer zu entziffern sind manche Schriften, besonders, wenn keine Vokale benutzt werden.
Jeder hat Papier und Bleistift und schreibt eine geheime Nachricht in der „Schrift von Ur". Das bedeutet, daß bei allen Wörtern die Vokale weggelassen werden. Zusätzlich kann man noch die Buchstaben etwas verfremden, indem man sie der Keilschrift ähnlich macht.
Alle Nachrichten werden in der Mitte des Tisches gesammelt. Nun zieht jeder einen der Zettel (nicht den eigenen) und versucht, die Nachricht zu entziffern.

Variationen

Damit das Entziffern sinnvoll ist, hat die Spielleiterin einen Text vorbereitet, der uns verrät, wo ein „Schatz" vergraben ist (eine Tafel Schokolade).

Hilfsmittel und Hilfen für die Durchführung

Für jeden Teilnehmer Papier und Bleistift, ein „Schatz", z.B. eine Tafel Schokolade.

Pädagogische Hinweise

Wahrscheinlich brauchen die Spieler einen Schmierzettel, weil das Schreiben ohne Vokale nicht gleich klappt. Es wäre gut, wenn die Spielleiterin eine Abbildung der Keilschrift zeigen könnte, damit die Teilnehmer sich besser in „die Schrift von Ur“ hineindenken können.

DIE WORTMASCHINE

Buchstabenspiel, kreatives Spiel
Ort: Klassenzimmer, Gruppenraum, Wohnstube
Dauer: ca. 5 Minuten
Eignung: Kinder ab 8 Jahren; Gruppen von 2 Teilnehmern bis Klassenstärke

Beschreibung des Spiels
In die Wortmaschine kann man ein Wort hineingeben, dann schüttelt sie alle Buchstaben durcheinander und spuckt neue Wörter aus.
Der Spielleiter gibt ein längeres Wort vor, z.B. „Kindergarten". Jeder versucht nun, aus den Buchstaben andere Wörter zusammenzusetzen. Für jedes neue Wort hat man immer alle vorhandenen Buchstaben zur Verfügung. Sie verbrauchen sich also nicht. Beispiel: Kinn, gar, Rind, Rand, Regen, Gerte ... Wenn die Spielleiterin merkt, daß niemandem mehr etwas einfällt, bricht sie ab. Jetzt werden Punkte gewertet.
Jedes gefundene Wort: 1 Punkt.
Ein Wort, das sonst niemand hat: 5 Punkte.

Variation
Aus den vorgegebenen Buchstaben soll ein Kunstwort gefunden werden für ein bestimmtes Medikament oder der Name für ein Parfüm oder für einen neuartigen Gegenstand. Die Spielrunde einigt sich, welches Wort am besten klingt.

Hilfsmittel und Hilfen für die Durchführung
Für jeden Teilnehmer Papier und Bleistift.

Pädagogische Hinweise
Das Zusammensetzen neuer Wörter fördert die Lesefähigkeit bei jüngeren Kindern. Für Ältere ist es eine spannende Aufgabe, möglichst viele Kombinationen zu finden und damit Punkte zu gewinnen.
Die Variante erlaubt kreatives Umgehen mit Sprache.

GEFÜLLTE KALBSBRUST

Schreibspiel, Buchstabenspiel
Ort: Klassenzimmer, Gruppenraum, Wohnstube
Dauer: ca. 5–10 Minuten
Eignung: Kinder ab 8 Jahren; Gruppen von 4 Teilnehmern bis Klassenstärke

Beschreibung des Spiels

Jeder am Tisch hat ein Blatt Papier vor sich und einen Stift in der Hand. Die Spielleiterin gibt ein Wort vor, das mit Blockbuchstaben von oben nach unten geschrieben wird, und gleich daneben schreiben wir das Wort noch einmal von unten nach oben. Der letzte und der erste Buchstabe stehen jetzt immer auf derselben Zeile.

Nun sollen Wörter gefunden werden, die mit dem ersten Buchstaben auf der Zeile beginnen und mit dem letzten aufhören. Beispiel: K A L B

Wer in jeder Zeile ein Wort stehen hat, klopft, und alle müssen den Stift weglegen. Jetzt werten wir:

Jedes gefundene Wort	1 Punkt
Zuerst fertig	5 Punkte
Wenn kein anderer Spieler das Wort hat	2 Punkte

Es kann also durchaus sein, daß nicht der erste auch Punktsieger ist.

Hilfsmittel und Hilfen für die Durchführung
Für jeden Teilnehmer ein liniertes Blatt Papier und einen Stift.

Pädagogische Hinweise
Das Spiel erfordert, daß die Teilnehmer einen ausreichenden Wortschatz zur Verfügung haben und auch in der Rechtschreibung sicher sind. Es muß schnell reagiert und geschrieben werden, um einen Punktsieg zu erreichen. Die Zeitbegrenzung macht das Spiel spannend.

KREUZ UND QUER

Buchstabenspiel, soziales Spiel
Ort: Klassenzimmer, Gruppenraum, Wohnstube
Dauer: je nach Teilnehmerzahl, 5–10 Minuten
Eignung: Kinder ab 8 Jahren; Gruppen von 5 Teilnehmern bis Klassenstärke

Beschreibung des Spiels

Jeder schreibt in die Kästchen des Karopapiers in Blockbuchstaben seinen Namen. Dann wird das Blatt an den Nachbarn weitergegeben, der jetzt seinen eigenen Namen irgendwo über Kreuz dazusetzt, indem er einen vorhandenen Buchstaben mitbenutzt. Dann geht das Blatt an den nächsten Spieler weiter. Findet man überhaupt keinen passenden Buchstaben, so reicht man das Blatt weiter und bekommt es noch einmal, wenn alle anderen dran waren. Jetzt findet man sicher eine Möglichkeit. Beispiel:

Variation
Statt der eigenen Namen nimmt man Märchenfiguren oder Begriffe aus einem bestimmten Bereich, z.B. Tiere, Blumen, Spielzeug …

Hilfsmittel und Hilfen für die Durchführung
Für jeden Teilnehmer ein Blatt Karopapier und ein Stift.

Pädagogische Hinweise
Das Spiel symbolisiert die Vernetzung der Gruppenmitglieder untereinander. Es ist für jeden Teilnehmer wichtig, daß sein Name irgendwo angehängt werden kann. Das bedeutet für ihn, daß er dazugehört – auch wenn die Buchstaben seines Namens zufällig sind. Das Spiel ist teilweise knifflig wie ein Kreuzworträtsel. Man darf sich gegenseitig helfen!

NIESEN VERBOTEN

Kreatives Schreibspiel
Ort: Klassenzimmer, Gruppenraum, größeres Gebäude
Dauer: ca. 10 Minuten
Eignung: für Kinder ab 8 Jahren

Beschreibung des Spiels

Die Teilnehmer bilden Kleingruppen von 3 bis 4 Spielern und sollen originelle Verbotsschilder erfinden. Die Verbote werden auf farbiges Papier mit dickem Filzstift geschrieben und anschließend im Haus verteilt.

Variation

Statt der Verbotsschilder schreiben wir Gebotsschilder, z.B.: Bitte die Treppe in zwei Richtungen benutzen!

Hilfsmittel und Hilfen für die Durchführung

Tonpapier in verschiedenen Farben, für jede Kleingruppe einen dicken Filzstift, eine Schere, Lineal und Stift und eine Rolle Klebefilm.

Pädagogische Hinweise

Mit Verbotsschildern werden wir – besonders in Deutschland – sehr oft konfrontiert. Meistens lösen sie Ärger aus. Durch dieses Spiel, das den Sinn verdreht, kann man eigenen Ärger abbauen und die Passanten zum Lachen bringen – vielleicht auch zum Nachdenken. Anfangs wird es schwerfallen, originelle Verbote zu erfinden, aber die Kreativität nimmt nach den ersten Ideen rapide zu!

SCHREIBNASE

Partnerspiel, Aufwärmspiel
Ort: in größeren Räumen; auch im Freien möglich
Dauer: 5–10 Minuten
Eignung: Kinder ab 8 Jahren. Lustiges und aufgelokkertes Spiel für kleinere und auch sehr große Gruppen. Geeignet für den Beginn einer Spielstunde, weil es in spielerischer Weise Kontakt zwischen einzelnen Spielern herstellt.

Beschreibung des Spiels
Schreiben kann Spaß bringen, überhaupt, wenn es ungewöhnlich geschieht. Bei diesem Spiel brauchen wir weder Papier noch Bleistift – unsere Nase genügt. Damit schreiben wir in die Luft Buchstaben, Ziffern, Wörter. Zuvor suchen wir uns einen Partner, der entziffert, was wir „geschrieben" haben. Langsam wird er unseren „Stil" mitbekommen, und es wird ihm zunehmend leichter fallen zu verstehen, was da in der Luft steht. Er kennt noch nicht unseren Namen?! Kein Problem! Wozu ist unsere Nase da?! Noch mehr Spaß bringt es, wenn abwechselnd geschrieben wird: Erst Buchstaben, dann Ziffern, dann kurze Wörter und zum Schluß vielleicht sogar einen Satz. Möglicherweise läßt sich sogar ein Ratespiel organisieren.

Variationen
Aus der Grundform des Spiels lassen sich vielfältige Variationen bilden, in denen Teilgruppen einander Wahrnehmungsaufgaben stellen. Beispiel: Jede Teilgruppe denkt sich ein Wort aus und verteilt die Buchstaben auf alle Gruppenmitglieder (z.B. „Rose"). Die andere Gruppe entziffert die einzelnen Buchstaben und versucht, daraus ein Wort zu bilden.

Hilfsmittel und Hilfen für die Durchführung
Bei Jüngeren könnte eine inhaltliche Einkleidung den Spaß am Spiel erhöhen. Beispiel: Eine Gruppe von Kindern schwimmt auf eine Insel zu, auf der die Leute zwar alles verstehen, aber nicht reden können. Sie haben auch keine Hände. Sie malen die Buchstaben von Wörtern mit der Nase in die Luft. Mit etwas Übung könnt ihr sie bald verstehen.

Pädagogische Hinweise
Das Spiel schafft eine lockere Atmosphäre und regt das Bemühen an, genau zu „schreiben" und aufmerksam wahrzunehmen. Zu Beginn kann man es zu zweit spielen, im weiteren Spielverlauf können Kleingruppen gebildet werden, die sich wechselseitig die Aufgaben stellen. Das Spiel läßt sich auch verwenden, um die Namen der Mitspieler zu lernen. Man sollte jedoch damit beginnen, erst die Buchstaben einzeln zu entziffern. Die Spielleiterin sollte sich in vollem Umfang an dem Spiel beteiligen, ihre „Schreibnase" betätigen und in die Luft Geschriebenes entziffern.

SELTSAME VEREINE

Kreatives Spiel
Ort: Klassenzimmer, Gruppenraum, Wohnstube
Dauer: 3–5 Minuten
Eignung: Kinder ab 8 Jahren; Gruppen von 2 Teilnehmern bis Klassenstärke

Beschreibung des Spiels

Wir notieren einige bekannte Abkürzungen und versuchen, den Buchstaben neue Bedeutungen zu geben,
z.B. ARD = Annas ruhiger Dackelverein
USA = Unbeugsame saubere Allesfresser
Es müssen nicht unbedingt Vereine dabei herauskommen, Hauptsache, es hört sich lustig an! Wer eine Lösung gefunden hat, liest sie laut vor.

Variation

Statt der Vereine sollen Buchtitel entstehen, die man dann noch mit einem Untertitel versieht, z.B. USA = Und Susanne arbeitet – eine Untersuchung über Workaholics.

Hilfsmittel und Hilfen für die Durchführung
Für jeden Teilnehmer Papier und Stift.

Pädagogische Hinweise
Bei diesem Erfindungsspiel haben jüngere und ältere Teilnehmer gleiche Chancen. Jüngere können eventuell schneller umdenken als ältere.
Die Variation eignet sich nur für (etwas ältere) Teilnehmer, die durch vieles Lesen mit Buchtiteln vertraut sind.

SILBENTRENNUNG

Ratespiel, kreatives Spiel
Ort: Klassenzimmer, Gruppenraum, Wohnstube
Dauer: ca. 5–10 Minuten
Eignung: Kinder ab 8 Jahren; Gruppen von 3 Teilnehmern bis Klassenstärke

Beschreibung des Spiels

Jeder denkt sich eine Botschaft aus und verschlüsselt sie, indem er jede Silbe einzeln schreibt, immer mit Großbuchstaben am Anfang. Das sieht auf den ersten Blick aus wie Chinesisch, besonders, wenn man Doppellaute wie ei, au oder eu auseinanderreißt.
Zum Beispiel: Wi Rs Pi El En He Ut Es Chre Ibs Pi Ele = Wir spielen heute Schreibspiele.
Der Nachbar soll den Satz enträtseln.

Variation

Alle Buchstaben des Satzes werden als Dreiergruppen geschrieben, zusätzlich aber noch vertauscht,
z.B. Riw Isp Eel Hen Teu Hsc Ire Psb Lei E = Wir spielen heute Schreibspiele.
Diese Geheimschrift ist bedeutend schwerer zu knakken als die vorige.

Hilfsmittel und Hilfen für die Durchführung
Für jeden Teilnehmer Papier und Stift.

Pädagogische Hinweise
Schulkinder und Jugendliche haben gewöhnlich viel Spaß an Geheimschriften. Es gehört dazu aber Übung im Umgang mit Geschriebenem. Schwache Schüler werden an dem Spiel keine Freude haben.
Das Spiel läßt sich gut in ein Thema einbinden, und die Geheimschrift kann für Gelände- und Fahrtenspiele genutzt werden.

TANTE MILLI BADET

Kooperationsspiel, Aufwärmspiel
Ort: Klassenzimmer, Gruppenraum, Wohnstube
Dauer: ca. 5 Minuten
Eignung: Kinder ab 8 Jahren; Gruppen von 5–30 Teilnehmern

Beschreibung des Spiels

Im Fließbandverfahren schreiben wir einen Satz. Das bedeutet, daß nach jedem angegebenen Satzteil das Blatt Papier so gefaltet wird, daß man nicht mehr lesen kann, was geschrieben wurde. Dann gibt man es an den Nachbarn weiter, der den Satz auf seine Weise weiterführt. Die Spielleiterin sagt die einzelnen Schritte an:

1. Ein Name mit Titel oder Beruf (Tante Milli)
2. Was tut die Person? (badet)
3. Wann wird das getan? (um Mitternacht)
4. Wie wird das getan? (verzweifelt)
5. Mit wem wird es getan? (mit Donald Duck)
6. Wo wird es getan? (im Kleiderschrank)

Wenn der Satz fertig ist, dürfen wir das Papier auffalten und den Unsinn vorlesen.

Variation

Wenn die Teilnehmer sich gut in der Grammatik auskennen, nennt man die Satzteile.

Hilfsmittel und Hilfen für die Durchführung
Für jeden Teilnehmer Papier und Bleistift.

Pädagogische Hinweise
Das Falten des Blattes sollte die Spielleiterin vorher einmal zeigen, damit alle auf die gleiche Weise vorgehen.
Das Spiel bringt beim Vorlesen großes Gelächter. Das schafft eine lockere Gruppenatmosphäre. Dieses „Spiel ohne Sieger" kann als Aufwärmer benutzt werden, wenn man mehrere Spiele am Tisch durchführen möchte.

WAS IST DAS?

Ratespiel, Schreibspiel, Sprechspiel
Ort: Klassenzimmer, Gruppenraum, Wohnzimmer
Dauer: je nach Teilnehmerzahl, 5–10 Minuten. Die Variante dauert länger.
Eignung: Kinder von 9 Jahren an; Gruppen von Klassenstärke oder kleinere Spielgruppen

Beschreibung des Spiels

Alle Kinder sitzen an Tischen, und jedes bekommt ein Blatt mit einem ganz einfachen Zeichen darauf: ein Punkt, zwei Kreise, eine Zick-Zack-Linie usw. Jetzt soll das Zeichen auf lustige Weise gedeutet werden. Der Punkt könnte ein Hundefloh sein, die beiden Kreise sind zwei Männer mit Sonnenhüten (von oben gesehen), die gewundene Linie ist ein betrunkener Regenwurm, der nicht mehr gerade gehen kann... Die Spieler schreiben die Deutung unten auf das Blatt. Dann werden die Zettel von Nachbar zu Nachbar weitergegeben, damit jeder seinen Spaß hat.

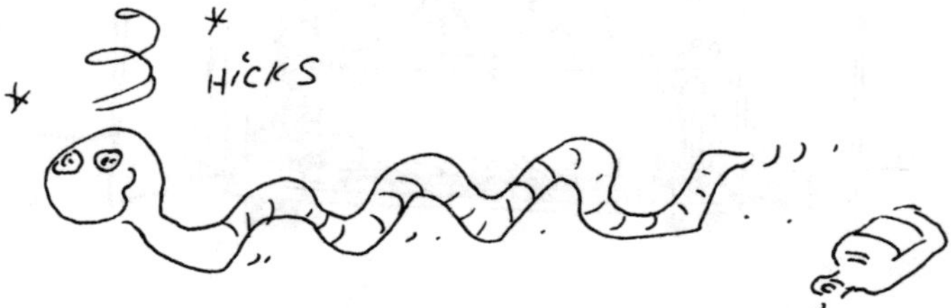

Variation
Die Kinder denken sich selber einfache Zeichen aus und geben sie an den Nachbarn zum Deuten. Anstatt die Deutung drunterzuschreiben, können die Spieler auch vor die Gruppe treten und die Zeichnung wortreich erklären: „Dies ist ein Hundefloh. Man erkennt es daran, daß er schwarz ist. Hundeflöhe verstecken ihre Beine unter dem Körper, damit sie jederzeit von einem Hund auf den anderen springen können. Dieser Floh hat sich verirrt. Er ist nicht auf einem Hund gelandet..."

Hilfsmittel und Hilfen für die Durchführung
Zettel mit einfachen Zeichen, für jedes Kind einen, Stifte zum Schreiben.

Pädagogische Hinweise
Dieses Spiel verlangt viel Phantasie, die bei jüngeren Kindern oft größer ist als bei älteren. Bei der Variation kommt der sprachliche Ausdruck hinzu. Das Vorstellen der Bilder erschöpft sich bei manchen Kindern in einem Satz, aber man kann sie auch dazu anregen, eine kleine Geschichte zu dem Bild zu erzählen.

WENN – DANN

Kooperatives Spiel, Aufwärmspiel
Ort: Klassenzimmer, Gruppenraum, Wohnstube
Dauer: ca. 5 Minuten
Eignung: Kinder ab 8 Jahren; Gruppen von 4–30 Teilnehmern

Beschreibung des Spiels

Alle sitzen um den Tisch und haben ein Schreibblatt im Hochformat vor sich liegen. Zuerst schreiben alle einen S atzanfang mit „wenn": „Wenn Gela morgens aus dem Fenster schaut". Jetzt wird die obere Kante über den Satz gefaltet, so daß man ihn nicht mehr sieht, und der rechte Nachbar bekommt das Blatt. Er schreibt jetzt die Fortsetzung des Satzes mit „dann", „dann gehen in Berlin die Lichter aus". Da man den Anfang des Satzes nicht kennt, entsteht irgendein Unsinn. Das Blatt wird weitergegeben, wieder beginnt ein Satz mit „wenn". So geht es fort, bis nichts mehr drauf paßt. Jetzt wird der Zettel aufgerollt, und jeder liest den entstandenen Quatsch vor.

Variation

Wir schreiben Sätze mit „warum" und „weil". Die Frage nach der Banane sollte aber von vornherein verboten werden! Je origineller man die Sätze baut, desto lustiger werden sie. Lebende und anwesende Personen dürfen einbezogen werden in die Texte!

Hilfsmittel und Hilfen für die Durchführung
Für jeden Spieler ein Blatt Schreibpapier und ein Stift.

Pädagogische Hinweise
Das Spiel kann als Aufwärmer bei Tischspielen fungieren, weil alle gemeinsam etwas tun, aber keiner für den Inhalt der Sätze verantwortlich ist, die ja zufällig entstehen. Das Spiel kennt keine hohen Anforderungen, nur die Schreibfertigkeit muß gut entwickelt sein, damit man nicht auf einzelne Teilnehmer warten muß.

WÖRTER LEGEN

Kooperationsspiel, Ratespiel
Ort: Klassenzimmer, Gruppenraum, Wohnstube
Dauer: ca. 5 Minuten
Eignung: Kinder ab 8 Jahren; 4–6 Spieler oder mehrere solcher Kleingruppen

Beschreibung des Spiels

Alle sitzen im Kreis oder um einen Tisch herum, und ein Häufchen Streichhölzer steht zur Verfügung. Nun legt der erste Spieler aus den Hölzchen einen beliebigen Buchstaben. Der nächste Teilnehmer fügt einen an, ohne daß vorher jemand weiß, was für ein Wort sich jeder gedacht hat. Vielleicht beginnt es mit F: Fahne? Fuchs? – Dann kommt ein E: Fell?
Der nächste legt R. Fertig? Es folgt ein I – das kann eigentlich nur auf „Ferien" herauskommen. Aber es geht noch weiter: ein R. Also entsteht zu den Ferien noch die „Reise".
Zusammengesetzte Wörter bieten den Vorteil, daß jeder Teilnehmer einmal drankommt.

Variation

Das Spiel dauert länger und ist noch komplizierter, wenn jeder nur ein Hölzchen legen darf. Man muß dann noch stärker mitdenken: Welcher Buchstabe kann es sein? Welcher paßt sinnvoll hierher? Wie könnte das Spiel weitergehen?

Hilfsmittel und Hilfen für die Durchführung
Etwa drei Schachteln voll Streichhölzer.

Pädagogische Hinweise
Die Buchstaben können alle eckig aussehen wie die Schrift in elektronischen Geräten. Das Spiel ist am Anfang besonders spannend, wo noch niemand weiß, welches Wort entstehen kann. Die Aktion verläuft ausgesprochen ruhig. Sie schafft ein Gemeinschaftsgefühl, auch bei Teilnehmern, die sich nicht kennen.

WORTGESCHENKE

Kennenlernspiel, ruhiges Spiel
Ort: in kleineren und größeren Räumen
Dauer: ca. 15–30 Minuten
Eignung: Für Jüngere wie Ältere gleichwohl geeignet. Das Spiel empfiehlt sich insbesondere für kleinere Gruppen, die sich schon ein wenig kennen und intensivere Spiel- / Lernprozesse im Auge haben.

Beschreibung des Spiels

Den Spielern wird ausreichend Zeit gegeben, schöne/bedeutungsvolle Wörter einzeln auf einen Zettel zu schreiben. Die Spieler sollten Sorgfalt darauf verwenden, diese Wörter besonders schön zu schreiben bzw. so, daß ihre Bedeutung durch die Art des Schreibens deutlich wird. Nach einer Weile stehen alle auf und gehen im Kreis herum. Sie verschenken ihre Zettel an diejenigen Mitspieler, zu denen die „Wortgeschenke" passen. Danach kann es in bestimmten Gruppen sinnvoll sein, über das Spiel zu sprechen und etwas zu den Geschenken (aus der Sicht der Schenkenden wie der Beschenkten) zu sagen.

Variationen

Anstelle eines „Wortgeschenkes" können auch Klänge, Töne, Melodien „verschenkt" werden, die die Mitspieler zunächst für sich auf einem Instrument entwickeln.

Hilfsmittel und Hilfen für die Durchführung

Kartonierte Zettel, Schreib- und Malgeräte sollten in ausreichender Menge vorhanden sein. Wichtig ist, den Teilnehmern Zeit zu lassen, für sie wichtige Wörter zu finden und in angemessener Form niederzuschreiben.

Pädagogische Hinweise

Das Spiel bietet eine gute Möglichkeit, sich selbst und andere besser kennenzulernen. Dabei sind WORTGESCHENKE eine eher positive Möglichkeit, den Mitspielern Feedback zu geben. Gleichwohl setzt das Spiel vonseiten der Gruppenmitglieder eine Atmosphäre voraus, die den Mitspieler grundsätzlich akzeptiert und in der das Ausmaß feindseliger Reaktionen nicht allzu groß ist. Das Spiel erfordert von daher eine verantwortungsvolle Gruppenleiterin, die ihre Gruppe und die einzelnen Mitglieder schon etwas genauer kennt. Auf jeden Fall sollte dieses Spiel nicht unmittelbar am Anfang eines Gruppenprozesses stehen.

WORT IM WORT

Ratespiel, Denkspiel
Ort: Klassenzimmer, Gruppenraum, Wohnzimmer
Dauer: ca. 5–10 Minuten
Eignung: Kinder von 8 Jahren an; kleinere Spielgruppen

Beschreibung des Spiels
Jedes Kind erhält eine Liste mit etwa 10 Wörtern, in denen andere sinnvolle Wörter versteckt sind. Jeder soll versuchen, diese Wörter zu finden und mit einem Stift zu umkreisen. Wer damit zuerst fertig ist, klopft mit dem Stift auf den Tisch, und alle müssen aufhören. Er darf nun vorlesen, und die anderen vergleichen: Haben sie dieses Wort auch? Wo steckt das vorgelesene Wort? Gibt es vielleicht mehr als ein verstecktes Wort?

Vorschläge:

Licht	Wanne	Astern	Klosett	Laufe	hoffen
Nadel	Walter	Genuß	Leben	Lotterie	Ornament
Kinder	Hundert	bringen	laufen	Meinung	Partner
Pendel	Rauch	Reihe	Stiefel	Reis	Windel

Variation
Ältere Spieler sollen selber eine Liste von passenden Wörtern zusammenstellen, die sie dann dem Nachbarn zum Raten geben. Reizvoll ist es auch, Wörter zu finden, denen man durch Anhängen oder Einfügen eines neuen Buchstabens eine ganz andere Bedeutung geben kann, z.B. Rind – Rinde, Sand – Stand – Strand, Laub – Laube, Liste – Leiste, Lene – Leine usw.

Hilfsmittel und Hilfen für die Durchführung
Für jedes Kind Papier und Stift, kopierte Wörterlisten.

Pädagogische Hinweise
Bei diesem Spiel müssen die Kinder zuerst das Wort entziffern, dann seinen Sinn begreifen und anschließend wieder umdenken, damit sie das Wort finden, das einen ganz anderen Sinn hat. Da Kinder im Grundschulalter ganzheitlich aufnehmen, fällt ihnen das Umdenken schwer. Deshalb dürfen die Ratewörter nicht zu lang sein. Wenn die Kinder erst einmal begriffen haben, wie man vorgehen muß, werden sie oft solche versteckten Wörter finden. Das Spiel ist eine interessante Leseübung.

SPRECHSPIELE

ABER ICH!

Kreatives Spiel, Aufwärmspiel
Ort: Klassenzimmer, Gruppenraum, Wohnzimmer
Dauer: je nach Teilnehmerzahl, 5–10 Minuten
Eignung: Kinder von 6 Jahren an; Gruppen von Klassenstärke oder kleinere Spielgruppen

Beschreibung des Spiels
Alle Mitspieler sitzen im Kreis. Einer hat ein Wurfsäckchen oder einen weichen Ball, und er wirft einem Mitspieler diesen Gegenstand zu. Dabei behauptet er etwas, was er *nicht* getan hat, z.B. „Ich habe heute noch nicht gefrühstückt" oder „Ich bin noch nie auf das Schuldach geklettert". Der Partner muß darauf in jedem Fall sagen: „Aber ich!" Dann wirft er das Säckchen weiter und behauptet selber etwas.
Das Spiel wird sehr lustig, wenn die Behauptungen entsprechend formuliert werden: „Ich habe noch nie aus der Katzenschüssel gegessen!" – „Aber ich!" „Ich habe noch nie einen Frosch geküßt" – „Aber ich!"

Variation
Für Anfänger können es normal formulierte Fragen sein, auf die der Spielpartner „Na klar" antworten muß, zum Beispiel: „Kannst du einen Bus umwerfen!" – „Na klar!" „Magst du gerne Rattenschwanzsuppe?" – „Na klar!"

Hilfsmittel und Hilfen für die Durchführung
Ein Gegenstand zum Werfen – Wurfsäckchen, weicher Ball, verknotetes Taschentuch.

Pädagogische Hinweise
Am Anfang werden die Kinder Mühe haben, sich etwas auszudenken. Dadurch kann das Spiel sehr stockend vorangehen. Die Spielleiterin könnte den Kindern etwas zuflüstern. Bei Wiederholungen des Spiels werden sicher bestimmte Behauptungen wieder aufgegriffen, an die sich die Kinder noch erinnern. Das macht nichts, wichtig ist erst einmal, daß jedes Kind etwas sagt. Mit der Zeit werden die Aussagen dann witzig und originell. In den ersten beiden Schuljahren wird die Form der Verneinung Schwierigkeiten bereiten. Für diese Altersstufe bietet sich die variierte Spielform an.

ANDREHEN

Partnerspiel, kreatives Spiel
Ort: Klassenzimmer, größere Räume
Dauer: ca. 10 Minuten
Eignung: Kinder ab 6 Jahren. Lustiges Spiel, um in lockerer Weise seine „Überredungskünste" ins Spiel zu bringen. Eignet sich gut als Vorbereitung für Rollenspiele. Partnerspiel für Gruppen aller Größen.

Beschreibung des Spiels
„Verkaufbare" Gegenstände (auch lustiger Art) werden auf Zettel geschrieben. Jeder Spieler zieht sich einen (oder mehrere) davon. Es kann auch Spielgeld ausgegeben werden. Die eine Hälfte der Spieler ist nun „Käufer", die andere „Verkäufer". Die „Verkäufer" versuchen, ihrem Partner nun ihren „Gegenstand" „anzudrehen". Alle möglichen Formen der Überredung können erprobt werden: vom sachlichen Verkaufsgespräch über Flirt, Bestechung bis hin zur Drohung. Über den Preis kann auch gefeilscht werden. Nach einer festgelegten Zeit ist Rollentausch: Der „Verkäufer" wird zum „Käufer" – und umgekehrt. Bei älteren Spielern kann im Anschluß daran noch ein Auswertungsgespräch stattfinden. Welche „Verkaufstaktiken" habe ich eingesetzt, welche beherrsche ich, welche vermeide ich? Worin war ich erfolgreich? Warum? Welche „Verkaufstaktiken" haben bei mir den meisten Erfolg? Wie wehre ich mich gegen das „Andrehen"? Mit welcher „Masche" hat man bei mir wenig Erfolg?

Variation

Anstelle von Gegenständen kann man den Mitspieler auch zu einer bestimmten Aktivität, einer Sportart oder einer Reise zu überreden versuchen.

Hilfsmittel und Hilfen für die Durchführung

Zettel, Schreibzeug und ggf. Spielgeld sollten bereitliegen. Der Raum müßte groß genug sein, um nicht allzu beeinträchtigt die „Verkaufsgespräche" führen zu können.

Pädagogische Hinweise

Die Spielleiterin sollte den Rahmen des Spiels organisieren, im übrigen aber in vollem Umfang mitspielen.

AUFGETEILTE GEHEIMNISSE

Wettspiel, Austobspiel
Ort: in größeren Räumen; auch im Freien möglich
Dauer: ca. 10 Minuten
Eignung: Kinder ab 8 Jahren. Das Spiel setzt die Kooperationsfähigkeit in Teilgruppen voraus. Es ist recht lebhaft und gibt Möglichkeiten, sich verbal „auszutoben". Für Gruppen zwischen 12 und 25 Spielern.

Beschreibung des Spiels
Geheimnisse sind besser geschützt, wenn nicht einer alles weiß, sondern wenn es auf mehrere aufgeteilt ist. Jede Teilgruppe erhält von der Spielleiterin als „Geheimnis" ein kurzes Sprichwort. Dieses Sprichwort teilen die Spieler unter sich auf. Jeder übernimmt ein Wort. Bei mehr Spielern als Wörter können auch mehrere Spieler ein Wort übernehmen. Jede Teilgruppe begibt sich in eine Ecke des Raumes. Nun beginnen alle Spieler ihr Wort im Takt zu sagen (sie können auch nach einer vereinbarten Melodie singen). Aus jeder Teilgruppe wird einer zum Lauschen ausgeschickt. Diejenige Gruppe, die zuerst alle Sprichwörter herausbekommen hat, gewinnt das Spiel und darf zu ihrem Sprichwort eine kurze Geschichte spielen.

Variationen

Ein ähnliches Spiel ist „Weltraumexpedition". Spieler landen mit ihrer „Rakete" auf einem „fremden Planeten". Der Name des „Planeten" ist ihnen nicht bekannt. Den wissen jedoch die „Bewohner". Jeder weiß davon aber nur einen Buchstaben und sagt ihn auf Verlangen auch. Langsam kommen die „Weltraumfahrer" dahinter, wo sie sich befinden.

Hilfsmittel und Hilfen für die Durchführung

Die Spielleiterin muß Zettel vorbereiten, auf denen sich kurze Sprichwörter befinden. Jeder Teilgruppe ist ein bestimmter Platz zugewiesen.

Pädagogische Hinweise

Das Spiel ist eine lustige (und lautstarke) Möglichkeit, als kleine Gruppe zusammen etwas zu schaffen. Wahrnehmung und Merkfähigkeit werden gefordert. Die Spielleiterin ist in der Rolle einer Schiedsrichterin, die auf die richtige Durchführung des Spiels achtet und entscheidet, welche Gruppe gewonnen hat.

DAS ABC-SPIEL

Kreatives Spiel, Lernspiel
Ort: Klassenzimmer, Wohnzimmer, Gruppenraum
Dauer: je nach Teilnehmerzahl, 5–10 Minuten. Die Variation dauert wegen der Punktwertung länger.
Eignung: Kinder von 9 Jahren an; Gruppen von Klassenstärke oder kleinere Gruppen

Beschreibung des Spiels

Alle Kinder sitzen im Kreis. Das erste nennt ein Wort, das mit A beginnt, das zweite eines mit B, dann eins mit C und so weiter durch das gesamte Alphabet.
Anfangs kann man jedes Wort gelten lassen, auch Verben, Eigennamen, Bindewörter. Je nach Schuljahr können wir auch verlangen, daß nur eine bestimmte Wortart vorkommen soll. Es gibt viele Möglichkeiten, das Grundspiel abzuwandeln und zu erschweren.
Leseanfänger, die noch nicht die Reihenfolge des Alphabets gelernt haben, bekommen Buchstabenkarten in die Hand. So können sie sich vorher überlegen, welches Wort sie nennen wollen.

Variation

Man kann auch ein Schreibspiel daraus machen: Jeder hat ein Blatt Papier und schreibt zuerst ein Wort mit A auf, dann setzt man ein Wort mit B darunter. Es folgt das Wort mit C usw. Dabei muß man möglichst seltene Wörter finden. Zum Schluß wird eine Liste laut vorgelesen. Wer für den betreffenden Buchstaben dasselbe Wort stehen hat, streicht es durch. Wer ein anderes Wort mit diesem Buchstaben fand, sagt es an. Ist es in der Gruppe doppelt vorhanden, muß es ebenfalls gestrichen werden. Übrig bleiben Wörter, die nur einmal vorkommen.

Hilfsmittel und Hilfen für die Durchführung
Sitzgelegenheiten, evtl. Karten mit den Buchstaben, für die Variation Papier und Stifte.

Pädagogische Hinweise
Die Voraussetzung für dieses Spiel ist natürlich, daß die Kinder alle Buchstaben kennen und mit Wörtern in Verbindung bringen können.
Mit dieser sehr variablen Aktion können die Kinder spielerisch die Reihenfolge des Alphabets lernen. Durch Wiederholungen werden die Kinder sicherer, weil sie sich z.B. Wörter mit C oder Q gemerkt haben. Für Y und X brauchen sie Hilfen, hier ist die Auswahl nicht groß genug. Es wäre nicht gut, diese Buchstaben einfach wegzulassen, weil sie sonst im Alphabet fehlen.

DAS MÄDCHEN AUS PARIS

Aufwärmspiel
Ort: Klassenzimmer, Gruppenraum; auch im Freien
Dauer: beliebig, ein Durchgang ca. 3 Minuten
Eignung: Kinder ab 7 Jahren, besonders Mädchen; Gruppen von 4–15 Teilnehmern

Beschreibung des Spiels
Die Mitspieler sitzen im Kreis oder stehen in einer Reihe. Eine Spielerin ist das „Mädchen aus Paris". Sie kommt geziert auf die anderen zu und spricht:

„Ich bin ein Mädchen aus Paris,
hab' wunderschöne Sachen,
ich verbiete euch das Ja, das Nein,
das Weinen und das Lachen."

Jetzt darf sie herumgehen, verschiedene Fragen stellen, Faxen machen, auch mal jemand kitzeln – bis einer die verbotenen Worte ausspricht oder lacht (zum Weinen wird sie sicher niemanden bringen!). Wer das Tabu brach, wird das neue Mädchen aus Paris. Ist es ein Junge, so heißt es: „Ich bin der Junge aus Paris..."

Variation

In den Einleitungsvers lassen sich weitere Tabuwörter einbauen, wenn sie einsilbig sind:

„Ich verbiete euch das Ja, das Nein,
das Schwarz, das Weiß,
das Kalt, das Heiß,
das Neu, das Alt,
das Warm, das Kalt…"

Dadurch wird das Spiel komplizierter und ist dann nur für ältere Kinder geeignet, weil man gleich mehrere Tabus zu beachten hat.

Hilfsmittel und Hilfen für die Durchführung

Keine

Pädagogische Hinweise

Die Spielerin des Pariser Mädchens muß sich eine Menge einfallen lassen und gut überlegte Fragen stellen, um die anderen aufs Glatteis zu führen. Sie kommt schneller zum Erfolg, wenn sie sich auf ein Kind aus dem Kreis konzentriert und es in ein Gespräch verwickelt. Dadurch läßt die Aufmerksamkeit nach, und plötzlich wird das Tabuwort ausgesprochen!

Es ist günstig, zu Anfang ein sprachlich geschicktes Kind mit dieser Aufgabe zu betrauen, damit die anderen ein Vorbild haben. Wer sich sprachlich nicht so gut ausdrücken kann, wird vielleicht auf nonverbale Weise versuchen, die anderen zum Lachen zu bringen.

Dieses Spiel können die Kinder auch selbständig auf dem Schulhof spielen.

FREMDSPRACHIG

Aufwärmspiel, Partnerspiel
Ort: in größeren Räumen; auch im Freien möglich
Dauer: ca. 5–10 Minuten
Eignung: Kinder ab 5 Jahren. Als kurzes Einstiegsspiel gut geeignet; lockert im sprachlichen und motorischen Bereich auf und ist ausgesprochen witzig. Vermindert Befürchtungen, sich zu blamieren. Partnerspiel für alle Gruppengrößen.

Beschreibung des Spiels
Es bilden sich Paare, die die Aufgabe haben, sich mit einer besonderen Sprachvereinbarung zu unterhalten. Der erste deutet auf einen Körperteil (z.B. sein Knie) und sagt dazu den Namen eines völlig anderen Körperteils (z.B. „Das ist mein rechtes Auge"). Der zweite greift diese „Fremdsprache" auf, deutet bei sich auf den sprachlich benannten Körperteil (in unserem Beispiel auf das rechte Auge) und sagt dazu den Namen eines anderen Körperteils (z.B. „Das ist meine Zunge"). Im gleichen Muster fährt der erste Spieler fort, bis beide keine Lust mehr zu dem Spiel haben.

Variationen
Besonders lustig ist das Spiel, wenn sich die Spieler etwas zwischen die Zähne stecken (z.B. ein Streichholz, ein Kaubonbon) und so noch fremdsprachiger FREMDSPRACHIG spielen. Auch andere Organisationsformen

sind denkbar. So könnten in einem Stuhlkreis die „fremdsprachigen" Benennungen von Spieler zu Spieler wandern. Bei kleineren Gruppen könnte man auch versuchen, sich die andersartigen Benennungen zu merken und sie in eine dann stattfindende „Konversationsrunde" einzubringen.

Hilfsmittel und Hilfen für die Durchführung
Die Spielleiterin sollte Streichhölzer oder Kaubonbons (Schokoladenstückchen) für das Spiel bereithalten.

Pädagogische Hinweise
Das Spiel ist gut zur Auflockerung geeignet und kann insbesondere Jüngeren viel Spaß bereiten. In lustiger Weise kann man sich bei dem Spiel von den festgelegten Bedeutungen der Sprache entfernen und für Körperteile andere Benennungen finden. Die Spielleiterin sollte das Spiel vormachen. Bei etwas Älteren kann es reizvoll sein, das Spiel ohne Erklärung einfach anzufangen. Die meisten werden die Regeln des Spiels rasch verstehen und ihrerseits zu spielen anfangen.

GEGENSÄTZE

Kreatives Spiel
Ort: in kleineren und größeren Räumen
Dauer: ca. 20 Minuten
Eignung: für kleinere Gruppen bis 20 Mitglieder; lokkert die Gruppe sprachlich auf und fördert das Vergnügen am Sprechen.

Beschreibung des Spiels
Es werden zwei Mannschaften gebildet, die sich gegenüberstehen. Es geht darum, daß jede Teilgruppe abwechselnd neue Begriffe zu vorgegebenen Wörtern bildet, und zwar so, daß Teile des neu gebildeten Wortes „Gegensätze" zum vorgegebenen Wort enthalten. Wird z.B. das Wort „Blinddarm" vorgegeben, so könnte daraus das Wort „Sehdarm" werden (blind sein und sehen können stehen im Gegensatz zueinander). Weitere Beispiele: Besuch – Befund; Brennessel – Löschnessel; Neugier – Altgier; Großvater – Kleinvater.
Zum Ablauf des Spiels: Aus einem Stapel mit Karten zieht jede Mannschaft abwechselnd eine Karte mit einem vorgegebenen Begriff. Sie muß dazu innerhalb kurzer Zeit einen Gegensatz-Begriff bilden. Schafft sie dies nicht, kann dies die andere Mannschaft versuchen.
Für jeden neu gebildeten Begriff gibt es einen Punkt.

Variation

Ist die Gruppe mit dem Spiel vertraut, können auch Begriffe mit doppelten Gegensätzen verwendet werden. Beispiel: Mitleid – Ohnefreud; Großmutter – Kleintochter. Älteren Spielern kann man zumuten, die Vorgabebegriffe selbst zu bilden. Die Rategruppe steht dann vor der Aufgabe, den „Gegensatz"-Begriff herauszufinden (und ggf. pantomimisch darzustellen).

Hilfsmittel und Hilfen für die Durchführung

Die Spielleiterin sollte eine auf die Fähigkeiten der Gruppe abgestimmte Liste von Begriffen zusammenstellen und auf Kärtchen schreiben. Je nach Alter der Spieler (und Vorkenntnissen) ist eine mehr oder weniger umfängliche Einführung notwendig.

Pädagogische Hinweise

Das Spiel fördert die kreative (und lustige) Beschäftigung mit der Sprache. In der Gruppe können die Mitglieder spielerisch ihr Sprachvermögen erproben. Das Spiel setzt eine Gruppe voraus, die relativ ruhig und konzentriert sich dem Spiel mit der Sprache zuwenden kann. Die Spielleiterin sollte bei Jüngeren die Rolle der Moderatorin und Schiedsrichterin übernehmen und auch hin und wieder einen Tip geben. Bei Jüngeren sollte man sich etwas mehr Zeit für die Vorbereitung des Spiels nehmen und in spielerischen Übungen die sprachliche Fähigkeit zur Bildung von Gegensätzen fördern.

ICH WAR IM ZOO

Darstellungsspiel, Aufwärmspiel
Ort: Klassenzimmer, Gruppenraum, Wohnzimmer
Dauer: je nach Teilnehmerzahl, 5–10 Minuten
Eignung: Kinder von 5 Jahren an; kleinere Spielgruppen bis zu 15 Kindern

Beschreibung des Spiels
Im Zoo gibt es bekanntlich viele Tiere, die wir gerne beobachten. Jedes Tier hat seine eigene Art, sich zu bewegen und seine Stimme zu gebrauchen.
Alle Kinder sitzen im Kreis. Das erste beginnt: „Ich war im Zoo. Da gab's einen Affen – und der macht so!" Damit zeigt es eine typische Affenbewegung oder wie der Affe eine Banane ißt oder klettert. Diese mimische Darstellung dürfen jetzt alle nachmachen. Dann kommt das nächste Kind an die Reihe und nennt ein neues Tier. Wieder wird das Tier von der Gruppe nachgeahmt, dann aber auch der vorher genannte Affe. So geht es weiter, und es werden immer mehr Tiere, die nachzuahmen sind.
Damit die Darstellung etwa gleichzeitig gemacht werden kann, sollten die Bewegungen ganz kurz sein.

Variation

Das Spiel kann einen anderen Inhalt haben, z.B. „Ich war auf dem Bauernhof. Da gab es ein Schwein – und das macht so!" oder „Ich war in der Stadt. Da fuhr ein Motorrad, und das macht so!"

Hilfsmittel und Hilfen für die Durchführung

Sitzgelegenheiten

Pädagogische Hinweise

Bei diesem Spiel mit Kettenstruktur muß nicht das einzelne Kind sein Gedächtnis strapazieren, weil die ganze Gruppe mitmacht. So kann sich keiner blamieren. Notfalls hilft die Spielleiterin mit. Das Spiel kann sehr lebhaft werden, und man muß sicher darauf achten, daß es nicht ausartet, weil die Kinder zu albern werden. Der formelhafte Satz gibt dem Spiel ein gewisses Gerüst und hilft auch schüchternen Kindern, ihren Mund aufzutun.

LADENSTRASSE

Partnerspiel, Aufwärmspiel
Ort: Klassenzimmer, Gruppenraum
Dauer: je nach Teilnehmerzahl, ca. 10–15 Minuten
Eignung: Kinder ab 6 Jahren; Gruppen von 12–20 Teilnehmern

Beschreibung des Spiels
In manchen Städten gibt es Straßen, in denen sich viele kleine Läden aneinanderreihen. Das nennt man eine Ladenstraße. Es ist manchmal nicht einfach, eine bestimmte Ware zu finden, weil die Geschäfte spezialisiert sind. Da gibt es Bäckereien, Schlachtereien, Gemüseläden, Süßwarenläden, Wäschegeschäfte, Haushaltsgeschäfte, Eisenwarenläden, Juweliere, Schuhgeschäfte, Kurzwarenläden, Buchhandlungen, Schreibwarengeschäfte oder Fotogeschäfte.
Das Spiel entwickelt sich aus dem Stuhlkreis. Jedes zweite Kind steht auf, das sind die Kunden. Sie erhalten von der Spielleiterin eine Karte, auf der ein Gegenstand steht, den sie kaufen sollen. Alle anderen Kinder sind Ladeninh aber. Auch sie bekommen eine Karte, darauf steht, was für eine Art von Laden sie haben, dazu eine Spielmarke oder einen farbigen Zettel, den sie dem Kunden als Ware überreichen können.
Die Ladeninhaber stellen sich hinter die Stuhllehne, die ihren Tresen darstellt. Nun kann es losgehen. Die Kunden wissen leider nicht, was für Läden da sind, und so kommt es auf das Glück an, ob sie gerade in den richtigen hineingehen. Gibt es dort nicht, was sie su-

chen, gehen sie zu einem beliebigen anderen Laden. Das Verkaufsgespräch läuft so: „Guten Tag!" – „Guten Tag. Was möchten Sie?"

„Ich möchte einen Nagel."

„Tut mir leid, Nägel führen wir nicht. Ich habe aber ganz frische Brötchen!"

„Danke, ich brauche auch kein Brot. Auf Wiedersehen."

„Auf Wiedersehen!"

Der Käufer soll also am Angebot erkennen, um welchen Laden es sich handelt, und gleich noch eine Ware nennen, die es dort normalerweise gibt. Hat er endlich den richtigen Laden gefunden, bekommt er von der Verkäuferin die Spielmarke und darf sich hinsetzen.

Variation

Wer seine Ware gefunden hat, darf sich eine neue Karte bei der Spielleiterin holen.

Hilfsmittel und Hilfen für die Durchführung

Stühle, Wort- oder Bildkarten mit Waren.

Pädagogische Hinweise

Verkaufsgespräche sind auch im normalen Leben bis zu einem gewissen Grade ritualisiert. Die Kinder können später die gelernten Formulierungen direkt in die Wirklichkeit übertragen. Um das Verkaufsgespräch richtig einzuüben, kann zuerst einmal die Spielleiterin als Kundin auftreten, und die Kinder hören zu. Danach probiert es ein Kind allein, und erst dann kommt der große Kundenansturm.

MAULSPERRE

Wettspiel, Konzentrationsspiel
Ort: Klassenzimmer, Gruppenraum, Rastplatz
Dauer: etwa 10 Minuten
Eignung: Für Kinder ab 8 Jahren; größere Gruppen von 14–30 Teilnehmern

Beschreibung des Spiels

Die Spielgruppe wird in zwei Mannschaften aufgeteilt, die sich gegenübersitzen. Jeder Spieler erhält ein Streichholz, bei dem der Kopf abgeknipst ist, und klemmt es sich zwischen die oberen und unteren Schneidezähne. Jetzt wird den beiden ersten Spielern ein Begriff gesagt, den sie wie beim Spiel „Stille Post" durch die Reihe weitersagen sollen, diesmal aber laut und mit der Hölzchen-Maulsperre. Der letzte Spieler schreibt auf, was er verstanden hat. Inzwischen ist der nächste Begriff auf dem Wege. Insgesamt werden sieben bis zehn Begriffe durchgesagt. Am Schluß prüft die Spielleiterin, welche Mannschaft die meisten Begriffe richtig auf dem Zettel stehen hat.

Variation

Die Spieler können auch im Kreis sitzen und zuhören, wie ein Wort von Mund zu Mund geht. Der Wettkampf fällt dann weg, dafür gibt es mehr Gelächter über die Mimik mit der Maulsperre.

Hilfsmittel und Hilfen für die Durchführung

Pro Spieler ein Streichholz ohne Kopf, zweimal Zettel und Stift, sieben Begriffe.

Pädagogische Hinweise

Das Spiel ist vor allem lustig. Auf ein Gewinnen kommt es erst in zweiter Linie an. Die Spieler müssen vorsichtig sein mit den Hölzern, damit sie sich nicht verletzen. Deshalb ist das Spiel nicht für jüngere Kinder geeignet. Manche Hölzchen zerbrechen leicht. Der Spielleiter sollte Ersatz bereithalten.

MOCK UND PEPPEL

Aufwärmspiel, Kontaktspiel
Ort: Klassenzimmer, Gruppenraum
Dauer: je nach Gruppenstärke, 5–10 Minuten
Eignung: Kinder ab 6 Jahren; Gruppen von 10–30 Teilnehmern

Beschreibung des Spiels

Alle Teilnehmer sitzen im Kreis. Die Spielleiterin hat zwei unterschiedliche, möglichst seltsam geformte Aststückchen in den Händen. Sie zeigt den dünneren ihrem Nachbarn und behauptet: „Das ist ein Peppel". Dieser muß fragen: „Was ist das?" Antwort: „Ein Peppel." Dann gibt der Nachbar das Ding an den nächsten Spieler weiter: „Das ist ein Peppel." Frage: „Was ist das?" Nun wird nicht direkt geantwortet, sondern man gibt die Frage nach links weiter, bis die Spielleiterin sagt: „Ein Peppel." Auch die Antwort wird weitergegeben, bis sie beim Frager angekommen ist. Erst dann gibt er den Peppel weiter.
Nun wird es komplizierter. Der linke Nachbar bekommt nämlich den dicken Stab mit der Bemerkung, dies sei ein Mock. So geht das Fragen durch den Kreis, bis sich Mock und Peppel begegnen und keiner mehr weiß, ob er gerade mit Frage oder Antwort dran ist.

Hilfsmittel und Hilfen für die Durchführung

Zwei unterschiedlich geformte Aststücke.

Pädagogische Hinweise

Das Spiel arbeitet mit dem Unsinn, um die Teilnehmer zum Lachen zu bringen. Es ist so angelegt, daß es schließlich in großer Verwirrung endet, sobald Mock und Peppel sich begegnet sind.

Alle Spieler werden nach und nach einbezogen und dann laufend beschäftigt. Man muß mit dem Nachbarn verbal Kontakt aufnehmen. So lösen sich – auch durch das Lachen – schnell die Hemmungen in einer Gruppe, die sich neu trifft oder auf gemeinsame Arbeit vorbereitet.

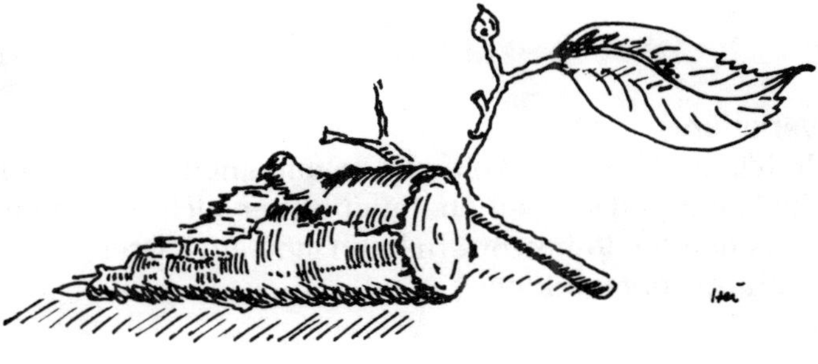

REIME RATEN

Ratespiel
Ort: Klassenzimmer, Gruppenraum; auch im Freien
Dauer: beliebig, ein Durchgang ca. 3 Minuten
Eignung: Kinder ab 8 Jahren; mehrere Paare, bis zu 20 Kindern

Beschreibung des Spiels

Die Mitspieler teilen sich in Paare auf und sitzen im Kreis. Einem der Paare gibt die Spielleiterin Karten mit Reimwörtern, zum Beispiel „Kanne“ und „Wanne“. Das Paar steht auf, und abwechselnd verraten sie in je einem Satz etwas von ihrem Wort. Dabei tun sie so, als ob sie selber der Gegenstand wären: „Ich habe einen Henkel.“ – „Ich habe zwei Henkel!“ – Ich bin aus Porzellan.“ – „Ich bin aus Blech oder Plastik.“ Sobald ein Kind aus dem Kreis meint, beide Begriffe erraten zu haben, darf es die Lösung sagen. Danach kommt ein neues Paar dran.

Variation

Jedes Kind bekommt eine Karte mit einem Reimwort in die Hand und soll seinen Reimpartner suchen. Mit entsprechenden Reimwörtern kann man auch Dreier- oder Vierergruppen bilden:

Wein	–	Stein	–	Bein	–	Schein,
Hand	–	Sand	–	Band	–	Land,
Gras	–	Glas	–	Spaß	–	Maß,
Kasten	–	Tasten	–	Lasten	–	Masten,
Heim	–	Keim	–	Schleim	–	Reim,
Herz	–	Scherz	–	Sterz	–	Schmerz,
Sonne	–	Wonne	–	Tonne	–	Nonne.

Hilfsmittel und Hilfen für die Durchführung
Keine

Pädagogische Hinweise
Voraussetzung für dieses Spiel ist, daß die Kinder mit Reimwörtern vertraut sind. Reime als Sprachspiele kommen bei Kindern gewöhnlich gut an, weil sie den Gleichklang mögen. Oft erfinden sie selbst Reimwörter. Nicht leicht ist es dagegen, die Aussagen so zu formulieren, daß man sich nicht sofort verrät. Das braucht eine gewisse Übung.

SCHERZKOFFER

Kreatives Spiel
Ort: Klassenzimmer, Gruppenraum, Wohnzimmer
Dauer: je nach Teilnehmerzahl, 5–10 Minuten
Eignung: Kinder von 6 Jahren an; Gruppen von Klassenstärke oder kleinere Spielgruppen

Beschreibung des Spiels

Clowns müssen oft verreisen, weil sie an vielen verschiedenen Orten auftreten. Wenn sie ihren Koffer pakken, tun sie ganz andere Dinge hinein als gewöhnliche Leute.

Alle Kinder sitzen im Stuhlkreis. Jeder denkt sich einen lustigen Gegenstand aus, der garantiert nicht in einen Koffer gehört. Einer beginnt: „August packt seinen Koffer und legt hinein: eine Haustür." Der zweite Spieler sagt vielleicht: „August packt seinen Koffer und legt hinein: einen Kartenständer." Der dritte behauptet: „August packt seinen Koffer und legt hinein: einen nassen Scheuerlappen." Man braucht also nichts zu wiederholen, jeder nennt nur seinen Gegenstand.

Ist die Runde beendet, geht August damit auf die Reise. Ein Kind, das dazu aufgefordert wird, nennt das Reiseziel, z.B. Berlin. Hier wird der Scherzkoffer wieder ausgepackt, und jetzt muß jeder von einem genannten Ding sagen, wozu August es braucht: „Den Scheuerlappen braucht er, wenn es regnet. Damit wischt er die Pfützen weg." – „Die Haustür braucht er für das Hotel, damit er gleich hineinfindet" usw.

Variation

Nachdem der Koffer gepackt ist, erzählt die Spielleiterin die Geschichte von Augusts Reise, bei der es Probleme gibt. Er macht dann immer den Koffer auf, und Kinder, die mit ihrem Ding eine Hilfsmöglichkeit sehen, nennen es ihm. Der Gegenstand wird in die Geschichte eingebaut, und die Reise geht weiter. Damit kein Ding übersehen wird, stehen anfangs alle Kinder auf, und wer bereits dran war, setzt sich hin. So bekommen auch die leiseren Kinder noch ihre Chance. Die Spielleiterin kann zwischendurch ruhig mal nachfragen, was für Dinge noch im Koffer verblieben sind, damit ihr neue Situationen einfallen.

Hilfsmittel und Hilfen für die Durchführung

Sitzgelegenheiten

Pädagogische Hinweise

Anders als beim bekannten normalen „Kofferpacken" geht es hier nicht um das Gedächtnis, sondern um möglichst witzige Ideen. Erfolg hat, wer die Gruppe zum Lachen bringt. Außerdem werden die Kinder zum Sprechen angeregt, weil sie nicht nur Wörter aufzählen. Der vorgegebene Satz am Beginn erleichtert das Anfangen.

STÖRUNGEN

Aufwärmspiel
Ort: in größeren Räumen; auch im Freien möglich
Dauer: ca. 10 Minuten
Eignung: Kinder ab 8 Jahren. Sehr lebhaftes und lautstarkes Spiel, das Möglichkeiten zum verbalen Abreagieren bietet. Für Gruppen zwischen 8 und 20 Mitgliedern.

Beschreibung des Spiels
Die Grundfassungen und alle Varianten laufen darauf hinaus, daß eine Botschaft richtig verstanden werden muß – trotz vielfältiger Formen von Störungen. Die inhaltliche Einkleidung des Spiels richtet sich nach dem Alter der Spieler. Bei Jüngeren könnte man das Spiel z.B. so einführen: Der Sohn (oder die Tochter) soll etwas für die Mutter einkaufen. Getrennt werden sie von einer Fahrbahn, auf der sehr lauter Verkehr herrscht. Die Mutter ruft lautstark, was eingekauft werden soll, und der Sohn notiert es sich. Ein Spieler ist „Mutter", ein anderer „Sohn" (oder „Tochter"). Beide st ehen sich gegenüber in einem Abstand von ca. 7 bis 10 Metern. Die übrigen Spieler sind der „Verkehrslärm". Kann sic h die „Mutter" verständlich machen?

Variation

Bei „Chefin und Sekretär" sitzen sich in einem Abstand von 5 bis 10 Metern jeweils eine „Chefin" und ein „Sekretär" gegenüber. Jede „Chefin" erhält von der Spielleiterin einen vorbereiteten Text (der sehr lustig sein sollte). Gleichzeitig und gemeinsam diktieren alle „Chefinnen" ihren „Sekretären" diesen „Brief". Ist das erste Paar fertig, wird das Diktieren abgebrochen, und jeder Sekretär liest vor, was er verstanden hat. Dies wird dann mit der Originalfassung verglichen: meist zur großen Erheiterung der Zuhörer.

Hilfsmittel und Hilfen für die Durchführung

Die Spielleiterin stellt den Spielern Karteikarten und Filzstifte zur Verfügung. Die „Einkaufslisten" sollten von ihr bereits vorbereitet sein. Die Spielleiterin kann als „Dirigentin" das Auf- und Abschwellen des „Verkehrslärms" ein wenig lenken.

Pädagogische Hinweise

Nicht immer ist Lautstärke Trumpf. „Mutter" und „Sohn" müssen trotz „Verkehrslärm" eine Verständigungsart finden, die wirkungsvoll ist. So werden Kinder sicherlich auch darauf kommen, die Gegenstände, die zu kaufen sind, verbal *und* pantomimisch mitzuteilen. Für den „Verkehrslärm" bietet das Spiel eine gute Gelegenheit, einmal nach Herzenslust schreien zu dürfen. Ein sehr leises Spiel danach kann sehr wirkungsvoll sein.

STORIES

Kreatives Spiel
Ort: in Räumen (im Stuhlkreis)
Dauer: 10–15 Minuten
Eignung: Kinder ab 8 Jahren. Formulierungsfähigkeit und die Lust, sprachlich etwas zu entwickeln, sollten vorhanden sein. Für mittelgroße Gruppen von ca. 20 Spielern.

Beschreibung des Spiels

Es werden Zettel vorbereitet, auf denen Begriffe stehen. Jeder Spieler zieht sich einige dieser Zettel und erzählt eine Geschichte, in der diese Begriffe vorkommen. Man kann vereinbaren, ob die Geschichte traurig oder lustig sein soll. Möglich ist es auch, daß mehrere Spieler die Aufgabe übernehmen, die Geschichte zu entwickeln. Teile der Geschichte kann man auch szenisch und/oder pantomimisch umsetzen. Es kann auch eine Geschichte reihum im Kreis erzählt werden. Jeder Spieler, der an der Reihe ist, zieht sich einen Zettel. Er muß die Geschichte so weitererzählen, daß der gezogene Begriff irgendwie vorkommt. Erst dann kommt der nächste an die Reihe.

Variation

Die Begriffe können auch dazu verwendet werden, eine Reportage zu entwickeln (der Spieler „erzählt" die Story in der Rolle eines Rundfunkreporters) oder eine

Nachricht daraus zu machen (der Spieler in der Rolle eines Nachrichtensprechers).

Hilfsmittel und Hilfen für die Durchführung

Zettel und Stifte sollten bereitliegen. Die Spielleiterin führt in das Spiel ein, erläutert es und bringt ein Beispiel anhand mehrerer gezogener Zettel.

Pädagogische Hinweise

Art und Umfang der Begriffe hängen sehr von der Gruppe ab: Alter, Interessen, Bildungsvoraussetzungen. Die Begriffe sollen Anregung sein, sich fabulierend mit Themen aus der Lebensumwelt auseinanderzusetzen und die sprachlichen Fähigkeiten weiterzuentwikkeln. Bei etwas ängstlichen und ungeübten Spielern empfiehlt es sich, die Aufgabe zunächst in Teilgruppen zu lösen. Möglich ist es auch, die Begriffe gemeinsam mit der Spielgruppe festzulegen. Das Spiel erfordert eine ruhige und aufnahmebereite Stimmung. Bei starken Bewegungsbedürfnissen und Konzentrationsproblemen ist das Spiel (zumal in größeren Gruppen) nicht sonderlich geeignet.

UM STEINE BETTELN

Durchsetzungsspiel, Konversationsspiel
Ort: Klassenzimmer, Gruppenraum
Dauer: ca. 20 Minuten
Eignung: Kinder ab 6 Jahren; Gruppen von 8–30 Teilnehmern

Beschreibung des Spiels
Zuerst einmal sucht sich jeder im Gelände einen kleinen, besonders geformten oder gefärbten Stein. Vielleicht bringt die Spielleiterin welche mit, und die Spieler suchen sich einen aus.
Jetzt teilen wir die Gruppe in zwei gleich große Hälften. Die eine Hälfte setzt sich auf Stühle im Halbkreis, die Mitglieder der anderen Gruppe suchen sich einen der Sitzenden als Partner aus. Die Stehenden bitten jetzt ihre sitzenden Partner, ihnen den Stein zu geben. Dazu führen sie lauter wichtige Gründe an – er paßt genau in die Sammlung, er wird dringend zur Heilung einer kranken Katze gebraucht … Nach einer Weile sollten sich die Sitzenden überreden lassen. Jetzt wird in der Runde erzählt, womit man sich hat überreden lassen. Auch die Bittenden könnten von ihren Erfahrungen und ihren Gefühlen sprechen. Danach werden die Rollen getauscht. Zum Schluß hat jeder wieder einen Stein – oder besitzt mancher gar zwei?

Variation

Das Spiel läßt sich natürlich ebenso mit anderem Material spielen.

Hilfsmittel und Hilfen für die Durchführung

Pro Teilnehmer ein Stein.

Pädagogische Hinweise

Das Spiel setzt beide Partner unter seelischen Druck: Kann man Nein sagen? Wie lange? Gelingt es, von einem anderen etwas zu erbitten?
Es ist wichtig, daß die Bemühungen erfolgreich sind, als Lohn für die Anstrengung. Beide Teile empfinden dann Erleichterung. Verlierer gibt es nicht bei diesem Spiel. Außerdem muß jeder sich Gründe und Gegengründe ausdenken, dazu braucht man Fantasie und Wortgewandtheit. Jeder wird zum Mitspielen und zum Reden gebracht, auch die zurückhaltenden Teilnehmer.

VERSPRICHWÖRTER

Aufwärmspiel
Ort: in mittelgroßen und größeren Räumen; auch im Freien möglich
Dauer: 15 Minuten und mehr
Eignung: Kinder ab 8 Jahren. Geeignet, um sprachliche und pantomimische Gestaltungsfreude anzuregen. Für kleine und mittelgroße Gruppen zwischen 5 und 30 Spielern.

Beschreibung des Spiels
Jeder Spieler denkt sich ein Sprichwort aus. Bei Jüngeren kann die Spielleiterin die Sprichwörter auf Zettel schreiben und ziehen lassen. Reihum sagen die Spieler „ihr" Sprichwort in „Kauderwelsch" und verdeutlichen es gleichzeitig pantomimisch. Reihum werden Vermutungen geäußert. Derjenige, der das Sprichwort als erster errät, kann mit seinem „Versprichwort" weitermachen oder den nächsten Darsteller bestimmen.

Variation
Man kann das Spiel auch mit zwei Teilgruppen organisieren. Jede Gruppe denkt sich Sprichwörter aus und schreibt sie auf Zettel. Reihum zieht jeweils einer aus der anderen Gruppe einen dieser Zettel und führt seiner Gruppe das „Versprichwort" vor.

Hilfsmittel und Hilfen für die Durchführung

Zettel und Schreibgerät sollten bereitliegen. Es empfiehlt sich, daß die Gruppenleiterin sich eine Liste bekannter Sprichwörter zusammenstellt und helfen kann, falls den Spielern die Ideen ausgehen.

Pädagogische Hinweise

Das Spiel enthält durch das Zusammenwirken von „Kauderwelsch" und Pantomime viel Komisches, kann zum Lachen anreizen und das Klima in der Gruppe auflockern. Bei ungeübten Spielern kann man Spielhemmungen ein wenig auflösen, wenn man die Darstellung Kleingruppen überträgt, die ein wenig Vorbereitungszeit erhalten. Die Spielleiterin sollte ebenfalls ein „Versprichwort" darstellen.

WO, WIE UND WARUM?

Ratespiel
Ort: Klassenzimmer, Gruppenraum, Wohnzimmer
Dauer: ein Rategang ca. 3 Minuten
Eignung: Kinder von 9 Jahren an; Gruppen von Klassenstärke oder kleinere Spielgruppen

Beschreibung des Spiels
Alle Mitspieler sitzen im Kreis. Zwei Kinder gehen vor die Tür. Es sollen zwei sein, damit sie sich später miteinander beraten können. Sie sollen nämlich herausbekommen, auf was für einen Gegenstand aus dem Klassenraum sich die anderen einigen. Wir suchen ein Ding aus, das man gut sehen kann.
Die Rater kommen herein und dürfen beliebige Mitspieler fragen. Die Fragen müssen aber mit *wo*, *wie* und *warum* beginnen, und zwar in dieser Reihenfolge. Sicher ist das Ding mit drei Fragen nicht herauszubekommen, dann darf erneut begonnen werden, aber wieder in der Reihenfolge *wo*, *wie* und *warum*. Das geht so lange, bis die Rater ganz sicher sind, um was es sich handelt. Dann nennen sie den Gegenstand.
Beispiel: „Wo ist das Ding?" – „Auf der Fensterbank." „Wie ist seine Farbe?" – „Grün." „Warum ist es grün?" – „Weil es grüne Blätter hat." „Wo wachsen die Blätter?" – „In der Erde." „Wie ist die Form der Blätter?" - „Lang und dünn". Klar, es ist die Grünlilie.
Jüngere Kinder bekommen die drei Fragewörter in der richtigen Reihenfolge auf eine Karte geschrieben, die sie beim Raten in der Hand halten dürfen.

Variation
Die Gruppe denkt sich eine lebende, bekannte Person aus, die dann geraten werden soll. Beispiel: „Wo wohnt die Person?" – „In der Marktstraße." „Wie sieht das Haus aus?" - „Es ist ein altes Fachwerkhaus." „Warum ist die Person nicht bei uns?" – „Sie ist hier im Klassenraum." „Wo sitzt sie?" – „Auf einem Stuhl." usw.

Hilfsmittel und Hilfen für die Durchführung
Stühle, eine Karte mit den Fragewörtern.

Pädagogische Hinweise
Die Schwierigkeit liegt in der richtigen Formulierung der Fragen. Man muß flexibel mit der Sprache umgehen, wenn man ans Ziel gelangen will. Aber auch bei den Antworten gilt es, richtig zu formulieren, damit nicht zuviel verraten wird.
Durch wiederholtes Spielen werden die Kinder immer geschickter, weil sie Fragemuster verwenden können, die schon einmal vorkamen. Es ist günstig, beim ersten Male sprachlich versierte Kinder als Rater auszuwählen, damit die nächsten sich nach ihnen orientieren können.

MAL- UND ZEICHENSPIELE

BILDER BAUEN

Kreatives Spiel, Kooperationsspiel
Ort: Gruppenraum, Klassenzimmer
Dauer: ca. 15 Minuten
Eignung: Kinder ab 6 Jahren; mehrere Kleingruppen von 3–4 Kindern

Beschreibung des Spiels
Mehrere Leute treffen sich, um zusammen ein Haus zu bauen. Jeder bringt Baumaterial mit, aber der eine hat nur Rechtecke, der andere nur Kreise, der nächste nur Dreiecke und der vierte nur Quadrate.
Drei oder vier Kinder bilden ein Team, das am Tisch sitzt. Auf dem Tisch liegt ein großer Bogen Papier, und jedes Kind hat einen kräftigen Stift (Filzmaler, Wachsstift). Sie sollen gemeinsam ein Haus zeichnen, aber jeder darf nur seine Form einbringen. Der erste zeichnet ein großes Rechteck, das Dreieck kommt als Dach obenauf, aus Quadraten werden die Fensterscheiben zusammengesetzt usw. Wo kann man aber Kreise unterbringen? Vielleicht im Garten? Interessant wird die Sache, wenn es in die Einzelheiten geht. Wie lassen sich die Formen noch verwenden?
Wenn jedes Team sein Bild fertig hat, machen wir eine Ausstellung.

Variation

Die Kinder erhalten kleine Karten in einer komplizierteren Form, die sie als Schablone benutzen sollen: Trapez, Parallelogramm, Oval, Sechseck, unregelmäßiges Vieleck... Statt des einfachen Hauses darf es auch ein Schloß sein, eine Ritterburg, eine Fabrik oder ein Phantasieschiff. Man kann den Kindern das Thema auch freistellen.
Eine weitere Möglichkeit wäre, daß die Kinder im Kreis sitzen und jeder auf ein kleineres Blatt zeichnet, das im Kreis herumgegeben wird. Jeder Mitspieler darf seine Form immer einmal dazuzeichnen, und am Ende soll trotzdem ein Bild entstehen.

Hilfsmittel und Hilfen für die Durchführung

Für jedes Kind ein dicker Stift (Wachsmaler, Zeichenkohle, Filzmaler), für jede Tischgemeinschaft ein großes Blatt Zeichenpapier. Bei der Variation werden Schablonen verschiedener Grundformen aus Karton gebraucht, für die zweite Variante pro Kind ein Blatt Papier im DIN-A4-Format.

Pädagogische Hinweise

Bei diesem Spiel steht neben der Kreativität auch die Kooperation stark im Vordergrund. Ein Kind, das eine gute Idee hat, wie eine Form zu verwenden wäre, darf sie vielleicht nicht selbst ausführen, weil der andere die passende Grundform hat. Die Gruppe muß auch dafür sorgen, daß jeder etwas beitragen kann. Das ist bei Kreisen zum Beispiel gar nicht so leicht.

BLÜMCHEN

Gewinnspiel
Ort: Klassenzimmer, Gruppenraum, Wohnstube
Dauer: je nach Teilnehmerzahl 5–10 Minuten
Eignung: Kinder ab 6 Jahren; Kleingruppen von 2–6 Spielern, mehrere Kleingruppen im Raum verteilt

Beschreibung des Spiels
Alle Teilnehmer sitzen um den Tisch und haben ein Blatt Papier und einen Stift. Als Sichtschutz falten wir an drei Seiten des Blattes einen Streifen nach oben. Nun zeichnet jeder eine Reihe von 25 Kreisen. Fünf beliebige davon werden zu Blümchen ausgestaltet. Jeder Spieler kommt nacheinander mit dem Ausrufen an die Reihe, und zwar ruft er eine Zahl zwischen 1 und 25. So viele Kreise zählt jeder bei sich ab und streicht den letzten durch. Ist das zufällig ein Blümchen, muß man es melden. Dann malt sich der Ausrufer selber eine Blume als Gewinnpunkt auf. Durchgestrichene Kreise werden nicht mehr mitgezählt, und wenn die Reihe nicht ausreicht, beginnt man wieder von vorn. Wenn jeder nur noch einen Kreis hat, ist das Spiel zu Ende. Sollte das ein Blümchen sein, darf man es sich selber anrechnen. Wer am Schluß den größten Strauß hat, gewinnt das Spiel.

Variation
Jeder versteckt nur ein einziges Blümchen. Wenn das getroffen wird, muß der Ausrufer ausscheiden, denn Blümchen sind zu schonen!

Hilfsmittel und Hilfen für die Durchführung
Für jeden Teilnehmer ein Blatt Papier und ein Stift.

Pädagogische Hinweise
Das Spiel ist ein anspruchsloser Zeitvertreib, an dem ganz verschiedene Altersstufen teilnehmen können. Jüngere Kinder müssen sicher bis zur 25 abzählen können.

DER MANN AUS MALLORCA

Auflockerungsspiel, Kooperationsspiel
Ort: Klassenzimmer, Gruppenraum
Dauer: ca. 5 Minuten
Eignung: für Kinder von 6–10 Jahren; Gruppen von 5 Teilnehmern bis Klassenstärke

Beschreibung des Spiels

Alle sitzen um einen Tisch herum und haben ein Blatt Papier vor sich. Darauf zeichnet jeder Spieler einen lustigen Kopf. Bei der Größe muß man berechnen, daß der geplante Mann noch ganz auf das Blatt muß. Das Blatt wird so gefaltet, daß nur noch die Ansätze vom Hals zu sehen sind, dann gibt man das Papier nach rechts weiter. Jetzt malt jeder die Figur bis zur Taille. Die Arme müssen seitlich abstehen oder angewinkelt werden, damit sie nicht zu kurz geraten. Wieder falten wir, geben weiter – und zeichnen bis zum Knie. Schließlich wird die Figur bis zu den Füßen vervollständigt. Noch einmal weitergeben, dann darf das Blatt aufgefaltet werden.

Variation

Auf die gleiche Weise kann natürlich auch die Frau aus Mallorca entstehen. Und dann zeichnen wir noch das turmartige Haus, in dem diese Leute wohnen. Jeder Spieler fügt dann ein Stockwerk hinzu, nachdem der erste das Dach fabriziert hat.

Hilfsmittel und Hilfen für die Durchführung
Für jeden Spieler Papier und Bleistift.

Pädagogische Hinweise
Dieses Spiel stellt sehr geringe Anforderungen, auch an das Zeichentalent. Dafür ist Phantasie gefragt. Das Ergebnis reizt sehr zum Lachen und löst damit Spielhemmungen für weitere Aktionen. Alle sind gleichzeitig aktiv, und das Produkt entsteht in Teamarbeit. Das schafft ein Gruppengefühl. Das Spiel kann Spieler verschiedener Altersstufen vereinigen.

HALTET DEN DIEB

Brettspiel, Ratespiel
Ort: Klassenzimmer, Gruppenraum
Dauer: ca. 5 Minuten
Eignung: Kinder ab 7 Jahren; Paare

Beschreibung des Spiels
In Hotels gibt es viele Zimmer, die alle eine Nummer tragen. Und weil Reisende Geld bei sich haben, Fotoapparate oder Schmuck, schleicht sich manchmal ein Dieb ein. Aber unser Dieb wurde gesehen, wie er über das Dach einstieg. Wir müssen ihn stellen, ehe er durch die Haustür entkommt…
Man bildet Spielpartner. Jeder zeichnet auf ein Blatt ein möglichst großes Quadrat, teilt es durch Mittellinien in vier kleiner Quadrate und diese dann noch einmal in gleicher Weise. So entstehen 16 Felder, die Zimmer des Hotels. Wir numerieren sie in Schreibrichtung durch. Noch ein Dach darauf, dann ist das Hotel fertig. Jedes Kind baut sich einen Sichtschutz aus Schultasche, Jacke oder dergleichen.
Ein Partner spielt den Dieb. Der Gauner (ein Pfennig oder dergl.) sitzt auf dem Dachboden und muß versuchen, das Zimmer Nr. 16 zu erreichen, wo der Ausgang ist. Er darf vor jeder neuen Frage des Polizisten ein Feld in gerader Richtung weiterziehen. Felder, in denen er gewesen ist, markiert er mit einem Kreuz. Dort geht er nicht mehr hin. Am Anfang des Spiels darf er ausnahmsweise zwei Felder ziehen.
Der zweite Spieler ist Polizist und versucht, den Dieb zu

fangen. Er nennt nacheinander verschiedene Zimmernummern. War der Dieb schon vorher dort, heißt die Antwort: „Ausgeraubt". Dann markiert er es mit einem Kreis. Zimmer, in denen er noch nicht war, meldet man mit „In Ordnung". Hier kann er später noch auftauchen, und es lohnt sich, erneut nachzufragen. Findet der Polizist den Raum, wo der Dieb gerade ist, so gibt der auf: „Gefangen."
Ist das Spiel zu Ende, wechselt man die Rollen und beginnt von vorn.

Variation
Wir legen in jedes Zimmer etwas Eßbares, z.B. eine Schokolinse oder eine Erdnuß. So kann der Dieb ein Zimmer nach dem anderen „ausrauben". In diesem Fall wird er möglichst lange im Hotel bleiben wollen! Was übrigbleibt, bekommt nämlich der Polizist.

Hilfsmittel und Hilfen für die Durchführung
Pro Mitspieler ein Blatt Papier, ein Stift und eine Spielmarke. Für die Variation kleine Dinge zum Essen: Schokolinsen, Erdnüsse, Rosinen...

Pädagogische Hinweise
Das Spiel, das an das bekannte „Schiffe versenken" erinnert, erhält seinen Reiz durch die Beweglichkeit der Figur. Während sonst die gesuchten Objekte auf ihrem Platz bleiben und mehr durch Zufall entdeckt werden, kann man bei dieser Variante mit Nachdenken und Taktieren zum Ziel kommen.
Die Partner müssen sich darauf verlassen können, daß sie ehrliche Auskünfte erhalten.

MASCHINENBAUER

Phantasiespiel, Kooperationsspiel
Ort: Klassenzimmer, Gruppenraum, Wohnstube
Dauer: ca. 5 Minuten und länger
Eignung: Kinder ab 6 Jahren; Gruppen von 5 Teilnehmern bis Klassenstärke

Beschreibung des Spiels

Jeder hat Papier und Stift. Man beginnt, eine Maschine zu erfinden und zu zeichnen. Am Anfang genügt zum Beispiel ein Zahnrad oder ein Gestell. Die Spielleiterin gibt nach zwei Minuten ein Zeichen, und nun gibt man das Blatt an den rechten Nachbarn weiter, der die Maschine ein wenig vervollständigt. Wenn jeder schließlich sein erstes Blatt wieder in die Hand bekommt, braucht er nur noch die letzten Striche zu machen und der Maschine einen Namen zu geben. Wofür ist sie gut? Zum Radieschenschälen? Zum Dornenspitzen? Oder gar zum Verpacken von Straßenschmutz? Die Maschinenbilder werden ausgestellt.

Variation

Statt der Fließbandarbeit zeichnen wir die Maschine auf ein großes Stück Papier gleichzeitig und gemeinsam. Beratung untereinander ist dann zugelassen. Man kann aber auch zur Auflage machen, daß stumm gearbeitet werden muß.

Hilfsmittel und Hilfen für die Durchführung
Papier und Stift für jeden Teilnehmer. Bei der Variante eine Tapetenrolle oder ein großer Bogen Zeichenpapier.

Pädagogische Hinweise
Das Spiel stellt geringe Anforderungen und ist auch für eine Gruppe gemischten Alters geeignet. Es fördert die Kreativität und, bei der Variante, die Kooperationsbereitschaft. Die entstehenden Werke werden durch Zufall originell und reizen zum Lachen. Durch die leichte Aufgabe und das lustige Ergebnis stellt das Spiel eine unterhaltsame Beschäftigung dar.

MONSTERMALER

Kreatives Spiel, kooperatives Spiel
Ort: Klassenzimmer mit Tafel, Gruppenraum mit glatter Wand
Dauer: je nach Teilnehmerzahl, ca. 5 Minuten
Eignung: Kinder ab 5 Jahren; Gruppen von 12–30 Teilnehmern

Beschreibung des Spiels
Alle Kinder sitzen vor einer Wandtafel oder vor einem großen Blatt Papier, das an der Wand befestigt ist (Tapete, Packpapier).
Wir wollen gemeinsam ein Monster zeichnen, aber jeder zeichnet nur das, was ein anderer ihm sagt. Das geht so:
Die Spielleiterin beginnt. Sie stellt sich mit einem Stück Kreide in der Hand an die Wandtafel, und ein Kind sagt ihr, was sie von dem Monster zeichnen soll. „Einen dicken Bauch!" sagt das Kind. Der wird gezeichnet, dann darf das Kind an die Tafel, das eben den Vorschlag machte. Es fragt einen anderen Mitspieler: „Sven, was soll ich zeichnen?" – „Einen großen Kopf!" ist vielleicht die Antwort. So geht es in der Kette weiter, bis jeder einmal dran war. Nun ist das Monster fertig.

Variation

Statt des Monsters kann man etwas ganz anderes zeichnen, zum Beispiel ein Märchenschloß. Das hängt auch vom Alter der Kinder ab. Wichtig ist, daß wir einen phantastischen Inhalt wählen, damit niemand behaupten kann, da sei etwas Falsches gezeichnet. Wenn man in der Gruppe einen besonders guten Zeichner oder eine Zeichnerin hat, darf dieses Kind mal alleine malen, aber auch nur, was die anderen ihm ansagen.

Hilfsmittel und Hilfen für die Durchführung

Eine Schultafel, wie sie in Klassenzimmern üblich ist, oder ein großes Blatt Packpapier bzw. Tapete und Klebeband, Schulkreide (für das Papier farbige) oder Zeichenkohle.

Pädagogische Hinweise

Bei dieser Gemeinschaftsarbeit sind die Kinder nacheinander aktiv, aber jedes trägt seinen Teil zu dem Bild bei. Spannend ist auch das Zuschauen, weil jeder Zeichner seine eigenen Vorstellungen einbringt. Was wird das Monster für Füße haben? Bekommt es ein Fell? Hat es Ohren, Hörner, einen Schwanz?
Dies ist eine gute Aktion, um den Kindern in den letzten fünf Minuten einer Stunde noch ein wenig Spaß zu bereiten.

SELBSTPORTRÄT

Aufwärmspiel, Kooperationsspiel
Ort: Klassenraum
Dauer: ca. 15 Minuten
Eignung: Kinder ab 8 Jahren. Lustiges Spiel, das Anforderungen an die Vorstellungskraft der Spieler stellt. Geeignet, um eine entspannte Gruppenatmosphäre zu fördern. Für Gruppen zwischen 20 und 25 Mitgliedern.

Beschreibung des Spiels
Jeder Spieler erhält ein etwas festeres Stück Papier, etwa im Format DIN A3, sowie einen Filzstift. Alle Spieler stellen sich im Kreis auf und halten das Papier vor ihr Gesicht. Nun beginnen sie, ihr Porträt zu zeichnen – und zwar so, daß sie nicht sehen können, was sie zeichnen. Dazu müssen sie von hinten auf das Papier zeichnen. Die Spielleiterin sagt jeweils an, was zu zeichnen ist: das rechte Auge, die Nase, Zähne, das linke Ohr, der Umriß des Kopfes usw. So entsteht ein wirklich lustiges Selbstbildnis, auf dem alle Teile etwas verkehrt angeordnet sind. Und nun die Unterschrift des „Künstlers“: Dazu stellt sich der Spieler auf einen Stuhl, nimmt den Filzstift in die Hand und streckt seinen Arm aus. Zwei Gehilfen halten das Porträt vor ihn hin und bewegen gemeinsam das Papier mit dem Porträt so geschickt, daß der „Filzstift“ in der Hand des „Künstlers“ eine passende Signatur unter das Bild malt. Die „Kunstwerke“ werden aufgehängt und bestaunt.

Variationen

Möglich ist es auch, wenn jeweils zwei Spieler beim Zeichnen des Porträts einander gegenüberstehen und sich gegenseitig Hilfestellung geben.

Hilfsmittel und Hilfen für die Durchführung

Günstig ist etwas dickeres Papier, das man gut mit einem Filzstift bearbeiten kann. Die Filzstifte sollten nicht allzu dünn schreiben. Am besten sind noch etwas neuere Stifte, bei denen man ohne viel Druck Linien zeichnen kann (vorher ausprobieren!). Für das Anfertigen der Unterschrift sollten sich jeweils 3 Spieler zusammentun.

Pädagogische Hinweise

Merkfähigkeit und visuelle Vorstellungskraft, aber auch kooperatives Verhalten werden in diesem Spiel gefördert, das insbesondere bei Jüngeren die Lachmuskeln strapazieren kann. Während die Spielleiterin die Ansagen zum Porträt macht, sollte sie selbst im Kreis stehen und ebenfalls ein Selbstporträt zeichnen. Für wenig enttäuschungsfeste und stark leistungsorientierte Kinder und Jugendliche kann das Spiel unter Umständen Mißvergnügen bereiten. Starken Leistungsvorstellungen sollte die Spielleiterin mit Bemerkungen wie „künstlerische Freiheit" die Spitze nehmen.

SPIELLEITER VERZAUBERN

Kreatives Spiel, Kooperationsspiel
Ort: in größeren Räumen, möglichst mit Tischen
Dauer: ca. 30 bis 90 Minuten
Eignung: Kinder ab 8 Jahren. Das Spiel fordert zeichnerische Darstellungsfähigkeit und Kooperation unter den Spielern. Für Gruppengrößen zwischen 10 und 30 Spielern.

Beschreibung des Spiels
In der Phantasie können wir alles mögliche bewirken, so auch die Spielleiterin verzaubern. Als was hätten wir sie gerne? In welcher neuen Gestalt sieht sie besonders lustig aus? Welches Tier oder welche Pflanze trifft Eigenarten und Verhaltensweisen am besten? Wie ist ihre Umgebung beschaffen? In was können sich die Gruppenmitglieder verwandeln? Je nach Alter der Spieler sollte die Verzauberungsaufgabe einmal stärker die Phantasie und den Spaß, ein anderes Mal die Feedback-Absicht betonen. Mit welchen Gestaltungsmitteln die „Verzauberung“ stattfinden soll, können die Spieler selbst entscheiden: Pinsel und Farben, Ölkreiden, Wachsmalstifte, Filzstifte, Collagen von Bildern aus Zeitschriften oder aus Naturmaterialien. Danach werden die Verwandlungen vorgestellt und erörtert.

Variation

Je nach Art und Zusammensetzung der Gruppe können die Themen der bildnerischen Gestaltung verändert werden: „Ich und die Gruppe", „Die Spielleiterin und ihre Gruppe", „Bergbesteigung" – um nur einige Themen zu nennen, die geeignet sein können, die Feedbackaspekte des Spiels zu präzisieren.

Hilfsmittel und Hilfen für die Durchführung

Der Einführung in das Spiel kommt besonderes Gewicht zu. Die Spielleiterin sollte sich bei Jüngeren eine Geschichte, ein Märchen oder einen Traum ausdenken, der die Spieler zu ihren Gestaltungen anregt. Bei Älteren können Bildmeditationen vor der Gestaltung sinnvoll sein (z.B. „Zirkusaufführung", „Blumenwiese", „Wald"). Für die Bildgestaltung sollte den Spielern ausreichend Material zur Verfügung gestellt werden: großformatiges Papier, Pinsel, Stifte, Illustrierte usw.

Pädagogische Hinweise

Das Spiel spricht einen breiten Bereich an Fähigkeiten und Interessen an und kann je nach Altersgruppe recht unterschiedlich wirken. Im Vordergrund steht die Gestaltungsabsicht, die bei Jüngeren lustig und märchenhaft sein kann.

ZEICHENDIKTAT

Kooperationsspiel, Partnerspiel
Ort: in kleineren und größeren Räumen
Dauer: 15 bis 20 Minuten
Eignung: Kinder ab 8 Jahren. Geeignet, um Vorstellungskraft und genaues Ausdrucksvermögen zu fördern. Setzt ruhige und entspannte Gruppensituation voraus. Optimal für kleinere Gruppen bis maximal 20 Teilnehmern.

Beschreibung des Spiels
Wie kann man etwas abzeichnen, ohne es zu sehen? Soll man das Bild beschreiben oder sagen, was man tun soll, um es zu zeichnen? In diesem Spiel kann man ausprobieren, wie schwierig es ist, Gehörtes richtig umzusetzen. Die Spielleiterin hat einen Satz Karteikarten mit einfachen Figuren angefertigt: Kreise, Dreiecke, Quadrate in verschiedenen Größen und Kombinationen. Abwechselnd zieht jeder Spieler eine solche Karte. Jeder Mitspieler erhält ebenfalls eine gleichgroße Karte und muß nach „Zeichendiktat" des jeweiligen Spielers die Figur zeichnen, ohne sie gesehen zu haben. Danach wird das Original mit den Zeichnungen der Spieler verglichen. Hinterher kann man darüber diskutieren, warum es zu Abweichungen gekommen ist.

Variationen

Um das Spiel spannender zu gestalten, kann man ein Mannschaftsspiel organisieren. Aus jeder der beiden Mannschaften zieht abwechselnd ein Spieler eine der Figurenkarten. Nach Zeichendiktat müssen die Spieler seiner Mannschaft versuchen, die Ausgangsfigur innerhalb einer bestimmten Zeit (z.B. 3 Minuten) zu zeichnen. Spielern, denen dies nicht gelingt, wechseln zur Gegenmannschaft über.

Hilfsmittel und Hilfen für die Durchführung

Vor dem Spiel sollten einige Probedurchläufe stattfinden, damit die Spieler Anfangsschwierigkeiten bewältigen lernen. Es ist sinnvoll, wenn die Spielleiterin die Figurenkarten vorgibt. Später können die Spieler dann eigene Karten entwickeln. Filzstifte und Karteikarten sollen zur Verfügung gestellt werden.

Pädagogische Hinweise

Das so einfach scheinende Spiel hat seine Tücken. Dies wird insbesondere bei Jüngeren sehr deutlich, die eher beschreiben als genau angeben, wie man beim Zeichnen zu verfahren hat. Das Spiel fordert eine sehr genaue, „operationalisierte" Sprache, um befriedigende Ergebnisse zu erhalten. Das Spiel könnte man fast schon als Vorübung zum Programmieren verstehen, als Förderung der Fähigkeit, das Handeln in genau angebbare Teilschritte zu zerlegen und nur die Begriffe zu verwenden, die eindeutig sind. Der Auswertung des Spiels kommt ein besonderes Gewicht zu.

Verzeichnis der Spiele